犹太智慧典藏书系

火星来客

犹太人与诺贝尔奖揭秘

贺雄飞 著

世界知识出版社

图书在版编目（CIP）数据

火星来客：犹太人与诺贝尔奖揭秘 / 贺雄飞著. —北京:世界知识出版社，2015.8

（犹太智慧典藏书系）

ISBN 978-7-5012-4999-2

Ⅰ.①火… Ⅱ.①贺… Ⅲ.①诺贝尔奖–关系–犹太人–研究 Ⅳ.①G321.2 ②K18

中国版本图书馆CIP数据核字（2015）第181052号

责任编辑　贾丽红

责任校对　陈可望

责任出版　赵　玥

书　　名　**火星来客：犹太人与诺贝尔奖揭秘**

Houxing Laike： Youtairen Yu Nuobeierjiang Jiemi

作　　者　贺雄飞

出版发行　世界知识出版社

地址邮编　北京市东城区干面胡同51号（100010）

网　　址　www.ishizhi.cn

电　　话　010-65265923（发行）　010-85119023（邮购）

经　　销　新华书店

印　　刷　北京鑫海达印刷有限公司

开本印张　787×1092毫米　1/32　10印张

字　　数　165千字

版次印次　2015年11月第一版　2015年11月第一次印刷

标准书号　ISBN 978-7-5012-4999-2

定　　价　35.00元

“犹太智慧典藏书系”总序

人类一思索，上帝就发笑；人类不思索，上帝更发笑。

——作者手记

按照普遍的经验，人们对畅销书普遍推崇。某本书的销量一旦超过100万册，似乎就肯定了这本书的权威性和价值。然而，纵观人类的思想史和文学史，真理和经典常常不是按统计数字评定的。相反，众目睽睽之下，真理常常被贬抑和扭曲。从而使大众成为非常盲目的消费者，并降低了人类的创造力和追求完美的动力。犹太文学大师卡夫卡说：“假使一本书不能当头棒喝地敲醒我们，那读它有什么用？一本书该像一把碎冰斧，将人类冰封的心灵捣碎。”而犹太哲学家亚伯拉罕－海舍尔也说：“世界上还有什么东西可以跨越时空和距离，将人类联结在一起呢？只有文字是永远不会消失的。”《圣经》曾多次被人用火烧掉，但世界上的基督徒却越来越多。

现代文明已将人类的物质水平提高到前所未有的高度，但人类的幸福度增加了吗？我看未必，而且人类整体的道德水平和思想水平每况愈下。群体愈大，发展的速度愈快，生命的质量愈小。当罗马人造不出漂亮的建筑时，就把它建得很大。这种陋习延袭至今，每个人的时间表上都排满了活动，简直是与马赛跑，但生活的质量和意义却没有提升。

有一名记者采访一位著名诗人 :“你是什么时候决定做一名诗人的呢？”诗人指出这个问题问得不对，他说 :“每个人天生就是诗人，我只不过重复别人做过的事罢了。真正应该问的问题是，为什么其他人会停止了呢？”因此说，多数人年龄越长，思想越僵化。当他们年轻时，对未来人生充满美好的憧憬 ；然而，到了中年以后，竟然对理想主义者嗤之以鼻，而对一些污秽、龌龊之事却习以为常。为什么会出现这种情况呢？以色列先知耶利米在《圣经 – 耶利米书》中说 :“你若与步行的人同跑，尚且觉累，怎能与马赛跑呢？”在当今这个野蛮的物质主义时代，人们忙于应酬和娱乐，灵魂跟不上欲望的脚步，很少有人每天散步省察生命的意义，自然会变得大腹便便，却六神无主、麻木不仁。

2014 年 1 月 24 日，我在哈尔滨主持“犹太智慧商界领袖沙龙”，期间企业家们提问：“人活着的意义究竟是什么？”一位女企业家的回答是：“快乐。”我当时问她：“难道还有比快乐更快乐的事吗？”曾经，我在读一本书时发现，犹太小提琴大师梅纽因回答了这个问题：“生命的意义在于快乐，我的快乐就是分析作品，想象自己喜欢怎样去聆听；生命的意义在于将我们最迫切的需要升华成艺术，无论是生活艺术还是美食艺术。”梅纽因还说，人类还需要在快乐中不断学习，否则生命的终极意义便会离我们远去。任何人都无法预测死后会发生什么事情，永恒的生命不允许有未来。

我 20 年前开始研究犹太人，也开始了我的流浪生涯。大学毕业后，我分配回内蒙古自治区政府办公厅，然后下海流浪到海南儋州，历尽坎坷后又流浪到北京，在北京也先后搬了十几次家，不到一年搬一次。从 2014 年开始先是返回家乡鄂尔多斯，然后又流浪到包头和乌兰察布，今年则流浪在北京、乌兰察布和呼和浩特之间。我的女儿也和我一样，先是在内蒙，后来到了北京，然后又从中国到了爱尔兰，爱尔兰到了美国，美国到了法国，马上又要从法国到以色列求学。儿子也一直在颠沛流离的状态中成长，不间断地适应着各种不确定的状态和陌生的世界。

犹太哲学家维特根斯坦说："一个哲学家的最终归宿是火车站。"这难道就是我和孩子研究犹太智慧的宿命吗？犹太人为什么要流浪？就是要寻找一个热爱诗歌，热爱法律，渴慕智慧和真理的地方，寻找一个和谐、幸福，没有雾霾，能实现伟大梦想的地方。

流浪不仅使犹太人越来越有智慧，也使犹太人向全世界布道，同时使犹太人吸取世界文明的精髓。这就是一个流浪者的心灵独白和思想札记，藉以记录我 20 多年的研犹历程和前半生的思想收获。

感谢世界知识出版社的罗养毅副总编辑、汪琴副社长和所有责编，也感谢我弟弟贺鹏飞及字里行间书吧迅速让本书系付梓，同时为她插上翅膀飞向每一个热爱犹太智慧的读者的书架。有朋友和有智慧的人永远不会破产，与犹太人为伍就是与智慧同行。

1+1=11 或 111。是为序，与广大读者朋友共勉。

贺雄飞

2015 年 8 月 28 日于北京

前　言

当你们的祖先还生活在森林中的时候，我们的祖先已经在制造假支票了！

——德国犹太裔物理学家豪特曼斯

卡尔·萨根是美国著名天文学家，也是饮誉全球的科普大师。他是美国无数年轻人崇拜的偶像，享有“展演科学的艺术家”之美誉。他是一位犹太人。他在一部书中写道：

这是一座博物馆，像任何别的人的博物馆一样，这座博物馆坐落在一处绿茵环抱、令人心旷神怡的高地上……[①]

这座博物馆与众不同的地方是，不仅收集了许多文化人类学的展品，诸如：蒙古人的习俗用品、美洲土著居民穿过的树皮衣服、旧石器时代的羚羊骨头、美拉尼

① 〔美〕卡尔·萨根：《布鲁卡的脑——对科学传奇的反思》，北京：生活·读书·新知三联书店，1987年。

西亚人的木雕男性生殖器、澳洲人的细长木柄标枪似的投枪、衣衫褴褛的非洲女人的广告……更主要的是，还收藏了许多人类的头骨和大脑，用福尔马林浸泡在瓶子中的人脑被堆放在一个非常隐蔽的角落里，一个杀人犯的大脑与爱因斯坦的大脑并排放在一起。最令萨根惊奇的是，他手里拿着一个装着布鲁卡大脑的瓶子。

布鲁卡何许人也？他是 19 世纪中叶一位非常伟大的外科医生、神经病理学家和人类学家，曾在癌症病理学和动脉瘤治疗中作出过杰出贡献，尤其是对失语症的起因作出过划时代的贡献。正是他发现了大脑皮质左前额叶处第三脑回中的这个小区，这个小区被命名为“布鲁卡区”。他指出，清晰的语言在很大程度上受该区的控制，特定的大脑功能定位于脑的特定部位，大脑的结构和人的情感有密切的关系。一位哥伦比亚人类学家从动物的头脑骨中弄清了“布鲁卡区”的存在，并发现了大约在 200 万年以前的智人脑中出现布鲁卡区的证据，而 200 万年前正是人类开始制作并使用工具的时代。由此可见，人的思想与工艺同清晰语言的发展并肩而行，从某种意义来说，“布鲁卡区”正是人类发明创造和人性情感的根基之一，同时也是追溯探究我们祖先向人类进化的具体途径的一种手段。

捧着布鲁卡的脑，这位科学家浮想联翩：

当他健谈时，当他宁静时，当他感伤时，他的才智，他的怀疑论态度，还有他出乎意料的动作，是否还在他的大脑里呢？当他在各科医师（和他洋溢着自豪感的父亲）面前，争辩着失语症的起源时，胜利时刻的回忆能否依然存留在我面前的神经细胞的结构中呢？它是否还存留着他与他的朋友维克多·雨果共进晚餐时刻的记忆？是否还记得在一个月光辉辉的秋夜，偕同他手执一顶漂亮阳伞的妻子，沿着伏尔泰河堤岸和皇家桥漫步的时刻？我们死去时又到哪儿去呢？保罗·布鲁卡是否依然还在装满福尔马林的瓶子里呢？或许，记忆的痕迹已经衰退了，但现代脑研究表明，一个已知的记忆是可以在大脑的许多不同部位以重复的形式储存起来的。有朝一日，当神经生理学有了重大发展，是否有可能重建早已作古的人的记忆或洞察力呢？而这会是一件好事吗？这将是对个人隐私的最终揭示。但这也将是名副其实的不朽，因为很显然，我们的心灵乃是我们的主要方面，尤其像布鲁卡那样的人，更是这样。①

布鲁卡是一位才华出众而又富有同情心的人。他曾在一个漆黑的夜晚，不顾自己的生命安危，成功地将

① 〔美〕卡尔·萨根：《布鲁卡的脑——对科学传奇的反思》，北京：生活·读书·新知三联书店，1987 年，第 11 页。

7300 万法郎的公共救济金塞在毡制旅行包内，并藏在土豆底下，用马车从巴黎城偷运出来，从掠夺者手中抢救出这笔基金。他非常关心穷人，是现代外科手术的创始人，还曾研究过婴儿的死亡率，创建过一个“自由思想家”协会，建立了法国第一个近代人类学的专业协会、专科性学校和科学杂志。他的实验室标本被汇总成布鲁卡博物馆，后来该馆又被合并成为人类学博物馆的一部分。到了晚年，他被授予参议员头衔。

赫胥黎在《达尔文的斗犬》一文中评论说，一提到布鲁卡的名字就会使他满怀感激之情。他最喜欢布鲁卡的一句格言是：“我宁可是一只已经转变了的猴子，也不愿做亚当堕落的儿子。”

早些时候，布鲁卡在法国建立人类学协会时，曾遇到极大的困难。公共教育部长和巴黎警察总监认为，作为对人类知识进行自由研究的人类学，必将会对国家起颠覆作用。当不得不勉强许可布鲁卡与 18 位同事讨论科学问题时，警察总监警告布鲁卡，要他对这些聚会可能被指控为“反对社会，反对宗教或政府”承担个人责任。官方甚至把研究人类问题看得如此危险，以致指派便衣警察参加所有的会议。这就意味着一旦讨论中有任何冒犯密探的言论，聚会的权利将被立即取消。就在这种环境下，巴黎人类学协会于 1859 年 5 月 19 日举行了首次聚会。这正是达尔文《物种起源》一书出版的那一年。在后来的聚会中，布鲁卡和同事们讨论了大量范围广泛的课题——神话史、考古学、生理学、解剖学、心理学、医学、语言学和历史学——并且不难想象，在很多场合，密探常常独处一隅打盹。布鲁卡讲到，有一次，密探因无聊而想出去消遣一下，临离开时他问布鲁卡，当他不在场时是否会有人发表威胁国家的言论。布鲁卡回答说："不，不，我的朋友，你可不能出去，坐着并履行你的职责吧！"反对在法国发展人类学的人中间，不仅有警察，还有牧师。

布鲁卡是19世纪的一位人道主义者，但却没能动摇那个时代的颓废偏见和社会积弊。这位自由思想社会的奠基人，在他年轻时就相信自由探究的重要性，并终生孜孜不倦地自由探索。自由探索的目的，就在于发现并研究人类和宇宙的秘密。避免歪理邪说泛滥的最好办法，就是弘扬民主、自由和科学的精神，对大众进行科学文化的启蒙。泡在福尔马林溶液中的"布鲁卡的大脑"，为我们普及的正是这样一种观念。

众所周知，犹太人是世界上最聪明、最神秘、最富有的民族，让我们通过"犹太人与诺贝尔奖"的故事，来见识一下犹太人独特的"大脑"吧。

目 录

第一章　犹太人与诺贝尔物理学奖

世界的财富在犹太人的口袋里，犹太人的财富在自己的脑袋里。

——地球人的共识

如果你在灯油方面所花的钱，比起食用油方面还要多得多，你就能成为智者。

——犹太格言

知识不等于才能。仅有知识而没有才能的人是背着很多书本的驴子。

——犹太格言

世界的基础是信仰、知识和慈善。

——《塔木德》

我竭力告诫自己要蔑视权威，命运却使我成了权威。

——爱因斯坦

一、火星来客

据有关资料统计：从1901年至2001年共有680位诺贝尔奖获得者，其中犹太人（或者说犹太裔）就有128位，占总获奖人数的18.82%。其中，获物理学奖的有39人，占物理学获奖总数的24%；化学奖获得者23人，占16.8%；生理学或医学奖获得者51人，占29.1%；经济学奖获得者14人，占36.84%；文学奖获得者12人，占13%；和平奖获得者9人，占10.98%。

据统计，犹太人占世界人口总数不到0.3%，但获诺贝尔奖金的比例却占诺贝尔奖金总数的19.36%。其实，2001年以后，又有若干名犹太人获得了诺贝尔奖，诸如：文学奖有2002年的凯尔泰斯·伊姆莱，2004年的耶利内克，2005年的哈罗德·品特；化学奖有2004年的两位科学家阿龙·切哈诺沃和阿夫拉姆·赫什科；生理学或医学奖有2002年的悉尼·布雷内和罗伯特·霍维茨；经济学奖有2002年的丹尼尔·卡尼曼和2005年度的以色列，美国双重国籍的罗伯特·奥曼。可以预测，随着犹太人在全世界的公民待遇的逐步提高，他们的发明创造和为人类作出的贡献会越来越大。

还有一个有趣的现象，匈牙利的犹太人在诺贝尔奖的获奖人数中也占有极大的比例：

1943 年获诺贝尔化学奖的赫维西是匈牙利犹太人；

1963 年获诺贝尔物理学奖的维格纳是匈牙利犹太人；

1971 年获诺贝尔物理学奖的伽玻是匈牙利犹太人；

1994 年获诺贝尔经济学奖的豪尔绍尼是匈牙利犹太人。

另外，科学奇才冯·卡门、化学家波拉尼、“核和平之父”西拉德、“计算机之父”冯·诺依曼、“美国氢弹之父”特勒、当代罕见的数学奇才保罗·爱多士等，都是匈牙利犹太人。而且在上述 10 位科学巨匠中，有 4 位毕业于布达佩斯同一所中学，这所中学叫“明德中学”，是冯·卡门的父亲创建的。这一现象又构成了世界科学史上另一个谜。对于这个谜，有各种不同的回答，但德国著名犹太物理学家豪特曼斯的回答却非常有趣。

豪特曼斯是一位天才的物理学家，他首先提出了核聚变的机制，并指出恒星燃烧能量正是来源于这种核聚变；他在核裂变和原子弹制造方面的研究成果，曾领先于其他科学家。可惜的是，由于过于聪明和缺乏耐心，再加之总是游走于最前沿的各个科学领域，最终没有获得诺贝尔奖。[①]

豪特曼斯对自己是一个犹太人从不感到烦恼和自卑，他常自豪而幽默地说："当你们的祖先还生活在森林中的时候，我们的祖先已经在制造假支票了！"

对于"诺贝尔犹太现象"中匈牙利人特别多的这一谜团，他又给出了一个令人啼笑皆非的答案。他说，这些犹太科学大师是"火星来客"，他们到地球后，怕别人发现他们的火星人口音，便冒充匈牙利人，因为匈牙利人在讲外语时口音特别重，而且他们的天才大多散居世界各地。[②]

这样的回答肯定是一个玩笑，要想得到有说服力的答案，还得从犹太人的历史、民族传统和宗教特性中入手，这是本书必须要解决的问题。下面还是以图表的形式将这些"火星来客"获诺贝尔物理学奖的详细情况给大家介绍一下，以便于思考。

---

① 杨建邺：《火星来客？——诺贝尔奖与犹太人》，武汉：武汉出版社，2002 年，第 4 页。

② 〔美〕罗兹：《原子弹出世记》，北京：世界知识出版社，1999 年，第 106 页。

1907—1997年犹太人获诺贝尔物理学奖一览表

时间	获奖人	国籍	获奖原因
1907年	A.A.迈克尔逊	美国	创造精密的光学仪器和进行光谱学度量学的研究，并精确测出光速
1908年	G.李普曼	法国	发明应用光干涉现象的天然彩色摄影技术
1921年	A.爱因斯坦	美国	创建相对论，阐明光电效应的定律，提出光量子概念等
1922年	N.玻尔	丹麦	研究原子结构和原子辐射，提出自己的原子结构模型
1925年	J.弗兰克 G.赫兹	美国 德国	发现电子撞击原子时出现的规律性
1943年	O.斯特恩	美国	测定质子磁矩
1944年	I.I.拉比	美国	用共振方法测量原子核的磁性
1952年	F.布洛赫	美国	核磁精密测量新方法的发展及有关的发现
1954年	M.玻恩	英国	对量子力学的基础研究，特别是量子力学中波函数的统计解释
1958年	I.Y.塔姆	苏联	发现并解释切伦科夫效应

续表

时间	获奖人	国籍	获奖原因
1959年	E.塞格雷	美国	发现反质子
1960年	D.A.格拉塞	美国	发现气泡室
1961年	R.霍夫斯塔特	美国	由高能电子散射研究原子核的结构
1962年	L.D.朗道	苏联	研究凝聚态物质的理论，特别是液态氦的研究
1963年	E.P.维格纳	美国	原子核和基本粒子理论的研究，特别是发现和应用对称性基本原理方面的贡献
1965年	R.P.费因曼 J.S.施温格	美国	对量子电动力学的研究，产生对基本粒子物理学的意义深远的结果
1967年	H.A.贝特	美国	恒星能量的产生方面的理论
1969年	M.盖尔曼	美国	关于基本粒子的分类和相互作用的发现，提出“夸克”粒子理论
1971年	D.加博尔	英国	全息摄影术的发明及发展

续表

时间	获奖人	国籍	获奖原因
1973年	B.D.约瑟夫森	英国	关于固体中隧道现象的发现，从理论上预言了超导电流能够通过隧道阻挡层（即约瑟夫森效应）
1975年	A.N.玻尔 B.R.莫特尔逊	丹麦	发现原子核中集体运动与粒子运动间的联系，并在此基础上发展了原子核结构理论、原子核内部结构的研究工作
1976年	B.里希特	美国	独立地发现了新粒子J/Ψ,其质量约为质子质量的3倍，寿命比共振态的寿命长上万倍
1978年	A.A.彭齐亚斯 P.L.卡皮查	美国 苏联	3K宇宙微波背景的发现，建成液态氦的新装置，证实氦亚超流低温物理学
1979年	S.L.格拉 S.温伯格	美国	建立弱电统一理论，特别是预言弱电流的存在

续表

时间	获奖人	国籍	获奖原因
1988年	L.M.莱德曼 M.施瓦茨 J.斯坦伯格	美国	从事中微子波束工作及通过发现μ介子中微子从而对轻粒子对称结构进行论证
1990年	J.弗里德	美国	发现夸克存在的第一个实验证明
1992年	J.夏帕克	法国	对粒子探测器特别是多丝正比室的发明和发展
1995年	M.L.珀尔 F.莱因斯	美国	珀尔及其合作者发现了τ轻子。莱因斯与G．考温首次成功地观察到电子反中微子。他们在轻子研究方面的先驱性工作，为建立轻子——夸克层次上的物质结构图像作出了重大贡献
1996年	D.M.李 D.D.奥谢罗夫	美国	发现在低温状态下可以无摩擦流动的氦-3
1997年	科恩·塔诺季	法国	发明了用激光冷却和俘获原子的方法

（注释见下页）

通过上表可以看出，犹太人对人类文明的进程作出了巨大贡献。由于篇幅所限，无法逐人逐项详细论述。

资料来源：刘嘉硕编著：《诺贝尔奖得主的中学时代》，文汇出版权，2005年。杨建邺：《火星来客——诺贝尔奖与犹太人》，武汉出版社，2002年。肖宪：《犹太人：谜一般的民族》，上海人民出版社，2000年。杨建军等主编：《诺贝尔奖百年大典》，内蒙古少儿出版社，2002年。

注：《火星来客——诺贝尔奖与犹太人》一书中遗漏了1969年诺贝尔奖获得者盖尔曼，他也是犹太人，造成了比例计算错误，请参见：《奇异之美——盖尔曼传》，上海科技教育出版社，2002年。肖宪则误把1938年诺贝尔奖获得者费米当作犹太人，费米的妻子是犹太人，但他本人不是，请参见：《费米传》，商务印书馆，1998年。《原子舞者——费米传》，上海科技出版社。因此截至2001年获得诺贝尔物理学奖的犹太人共有39位，占诺贝尔物理学奖得主总人数的24%。

二、“现在我们都成了狗娘养的”

1945 年 5 月 8 日，盟军攻入柏林，纳粹德国投降，轴心国只剩下日本还在负隅顽抗。

1945 年 8 月 6 日，美国空军把一枚绰号叫“小男孩”的原子弹扔到日本广岛；8 月 9 日，又把一枚绰号叫“胖子”的原子弹扔到日本长崎。这是人类历史上第一次也是迄今为止唯一的一次把原子弹直接用于军事目的。当时美国只造出三颗原子弹，一颗实验用了，剩下的那两颗全部扔到了日本，造成 10 万人死亡。

日本政府于 1945 年 8 月 14 日宣布无条件投降，第二次世界大战结束。第二次世界大战的结束，原子弹无疑起了重要的作用。而原子弹的出现却和饱受希特勒屠戮的犹太人是分不开的。犹太人不仅造出了原子弹，同时也为缔造世界的和平作出了贡献。

“真正的原子弹之父”爱因斯坦

1921 年初，爱因斯坦在布拉格讲学，遇到一位年轻人。这位年轻人对他说：“教授先生，您提出了一个伟

大的公式 $E = mc^2$，我发明了一种巧妙的机器，能把上亿个原子所蕴藏的能量，统统释放。到那时候……”爱因斯坦对他的话不以为然，这类称有“新发明”的人，他见得多了。当时的物理学还远没有发展到这样的地步，能把 $E = mc^2$ 这个公式应用到实际中去。多数物理学家认为，把原子的质量中蕴藏的能量释放出来，那是 100 年以后的事情。有人干脆说，那是永远也实现不了的事情，$E = mc^2$ 只不过是个理论假说。可是，18 年以后，幻想似乎就要变成现实。1939 年 1 月的一天，爱因斯坦从一本杂志上得知，德国的科学家正在研究铀裂变，而且取得了一定进展。不久，他的老朋友，著名犹太物理学家玻尔告诉他，按照 $E = mc^2$ 公式计算，每个铀核分裂的时候，会发出两亿电子伏特的能量。爱因斯坦感到惊讶，陷入了沉思：难道 18 年前，跑到布拉格大学来找我的那个激动的年轻人……难道那不可能发生的事情即将发生？ $E = mc^2$ ，无穷无尽的能量，原子能即将出现在人间。

与此同时，美国哥伦比亚大学实验室里，费米教授正进行铀核裂变的实验。实验表明：如果每个铀核裂变的时候放出几个中子，引起一系列铀核裂变，这样像一条链子，铀的裂变就能一直进行下去。亿万卡热量就将冲出来，凶猛异常……可见铀的链式反应就是炸弹！它的威力，比普通炸弹不知高出多少倍！刹那间，能把千万生命烧成灰烬。想到这些，费米不禁打了个寒噤。他是意大利人，妻子是犹太人，为了逃避希特勒和墨索里尼的迫害，携妻子来到美国。如果让德意法西斯拿到这种炸弹，后果将不堪设想。费米教授决定去拜访海军部，报告关于链式反应的研究情况。可是，他们没有理他。

还有一个人，也和费米一样忧心忡忡。他就是匈牙利犹太人西拉德。西拉德在柏林当过爱因斯坦的学生，还和爱因斯坦在一起搞过发明。后来，西拉德逃难到美国，专门研究链式反应。在哥伦比亚大学西拉德教授工作的实验室里，链式反应正在渐渐地从理论变为实际。他深信，在不久的将来，就能将链式反应应用到军事上，制造出一种威力无比的新型炸弹。如果让希特勒德国抢在前头，那……太可怕了。

西拉德马上行动，找到爱因斯坦，陈述了铀核研究的重要性，劝爱因斯坦出面敦促美国政府重视研究铀的问题。于是，爱因斯坦起草了给罗斯福总统的信，要求总统重视铀的研究工作并迅速制造出原子弹，赶在德国的前面。爱因斯坦的信引起了罗斯福总统的重视，他立即下令成立一个委员会，负责研究原子弹。

1945 年夏天，美国在日本的广岛和长崎投下了两颗原子弹。消息传来，爱因斯坦痛苦地呼叫一声，瘫倒在沙发上。爱因斯坦感到悔恨和耻辱。因为他的公式 $E = mc^2$，奠定了原子弹的理论基础；因为他写给罗斯福总统的那封信，开启了原子弹的研究和创造。虽然他没有直接参与原子弹的研制，但他确实是真正的“原子弹之父”。

揭开核裂变秘密的人尼尔斯·玻尔

在寥若晨星的历史巨人中，尼尔斯·玻尔是其中极为灿烂的一颗。玻尔生于丹麦哥本哈根，父亲是哥本哈根大学教授，母亲出身于一个富有的犹太人家庭。虽然他没有爱因斯坦那样声名显赫，但真正懂得物理学的人都深知，他完全可以和爱因斯坦并驾齐驱。他是卢瑟福的学生与合作者，爱因斯坦毕生不可缺少的备受尊敬的挑战者，他是许多卓越科学家如海森堡、泡利、狄拉克、奥本海默的良师益友，也是全世界所有物理学家的领袖。正是他揭开了核裂变的秘密，从而引发了原子时代的到来。

科学发展到20世纪30年代中期，核物理成了热门，世界各地的科学家几乎都转向了这个领域，致使核物理学飞速发展。其中，玻尔的研究处于世界领先地位。

玻尔认为：原子核具有复合成分，因此核反应是分两步进行的。首先，闯入的中子和原子核内的一个质子或中子碰撞。不过，这个粒子不会被撞出原子核，相反它将撞击另一个粒子，这另一个粒子也会撞击别的粒子，直到所有的粒子都运动起来。这时，闯进来的那个中子原来所具有的能量，就转移到这些粒子上面，接着这个系统就要采取一种行动，以摆脱这部分多余的能量。他又一次发现了原子的结构，又一次发现了并协原理。他提出了如何验证这一设想的所谓“复合原子核”的方法。对复合原子核这一概念，花了好几个月的时间才得到充分的发展。不过，正像牛顿和达尔文的发现一样，突如其来的见识与长时间的审核事实，再一次创造了科学史上又一个最伟大的进展。

玻尔继续向前展望，如果原子核受到了更猛烈的冲击，可能导致原子核的爆炸。

1938 年，玻尔去美国同爱因斯坦合作，在途中和抵美不长的一段时间里，又完成了解释原子核裂变现象和裂变碎片具有放射性的实验。他写出了概论性的论文，对整个过程的理论进行了推导和说明。不久，他又揭示了铀的复杂现象，提出：只有质量数为 235 的这种稀有同位素才能由慢中子引起裂变，而质量数为 238 的半度同位素则不能。这种差别仅仅是由于两种同位素含的中子数不同。这个发现，直接提出了释放出巨大核能的链式反应的可能性。

1939 年 9 月 3 日，第二次世界大战爆发，整个世界都卷入了战争的旋涡。1940 年 4 月，德国占领了丹麦，玻尔落入德国人手中。

纳粹急于想利用玻尔尽快研制出原子武器，所以继续让他从事研究，并且从中索取秘密。但是，有关原子武器的研制，许多科学家认为在实际中存在许多困难，例如，难以提炼大量的铀、难以控制反应速度等，所以认为原子弹难以造成。就在这种情况下，玻尔指出，慢中子裂变应归于稀有的同位素铀 235。又是玻尔发明了有效分离同位素的方法，这就使制造原子弹成为可行的事情。

战争仍在大规模进行着，英国、美国和法国万分焦急，深恐德国抢先制造出原子弹。他们得知世界上最著名的原子科学家玻尔已落入德国人手中，德国在挪威的重水工厂每年将生产 1 500 公斤重水，这足以进行原子弹试验。又由于玻尔一贯主张把他的研究成果公之于众，就在德国占领丹麦之后，他仍不改初衷，继续向德国人讲授原子弹的威力，这使英国、美国更加坐立不安。美国总统罗斯福向谍报人员发出命令把玻尔带出来，参加曼哈顿计划；英国首相丘吉尔也听取汇报，亲自部署夺取玻尔的秘密行动，劝说他为盟方效力。因为玻尔天真地反对一切暴力，甚至想托人或直接找希特勒说情，以停止战争和迫害，所以，他起初拒绝逃往盟方。与玻尔的愿望相反，纳粹的恐怖浪潮席卷了整个丹麦，并直接威胁到他的实验室。他的幻想破灭了，只好选择逃往同盟国的道路。德国总部很快获悉了这个消息，立即下令：逮捕玻尔！然而晚了一步，玻尔已经在秘密组织的帮助下到了中立国瑞典。

1943 年 10 月 6 日，是一个让人难以忘记的日子。一架英国的蚊式轰炸机在斯德哥尔摩机场降落。玻尔坐到了弹舱里，因为只有这个地方能容纳这位特殊的乘客。当飞机升到最大高度时，驾驶员告诉玻尔打开氧气开关，而玻尔没有听到这一指令，因为飞行员的帽子戴在玻尔的大脑袋上实在是太小了，耳机没能贴在耳朵上。这位出逃的科学家不一会儿就因缺氧而昏迷了。驾驶员冒着巨大的危险，从纳粹手中救出的这位著名教授差点死掉。幸好，飞机一会儿降到了较低的高度，玻尔苏醒了过来，安全地飞到了伦敦。

到了伦敦，玻尔很快见到了丘吉尔，同意加入英国研究原子弹的行列。他说："时代不好，为了抢救一个国家最宝贵的东西，我只得违背原则了。"

玻尔在英国逗留了一段时间后，又秘密地来到美国的研制原子弹基地。同费米、奥本海默、西拉德等人共同合作，努力工作，终于使原子弹成形。

“原子弹之父”奥本海默

1939年，当犹太人奥本海默收到有关铀的裂变及由此而释放出巨大能量的有关消息后，他心中就有了关于原子弹的概念，并进行了原子弹爆炸所需的临界质量的近似计算。但是差不多过了两年，他才被聘从事有关铀方面问题的最早的秘密研究工作。1941年秋，应诺贝尔奖获得者康普顿的邀请，奥本海默出席了国立科学院专门委员会召开的有关商议军事利用原子能的会议。会后，奥本海默又回到教学工作上，但从此他再也放不下对这一问题的考虑，他被这个问题深深迷住，花费了大量时间来测定进行一次原子爆发所必需的铀235的数量。

到1942年初,第二次世界大战处于激烈的拉锯时期，美国的原子弹研制规模日益庞大时，奥本海默被要求专门从事原子弹的设计工作。同年7月，一个小组在奥本海默的主持下就原子弹爆炸理论讨论了几个星期，取得了一些显著成就，进展顺利。

1942年也是原子弹计划进入一个完全崭新阶段的一年。美国原子弹研究的最高控制权已由科学家手中转由军政委员会来掌握。该委员会的成员中有三名军事机关的代表：斯太厄将军、珀内耳海军上将和格罗夫斯将军；还有两名科学家代表：布什博士和康南特博士。

从 1942 年 8 月起，给全部计划起了一个代号，叫作“曼哈顿计划”。格罗夫斯将军被任命为最高行政领导人，负责协调原子弹制造的各项工作。

在工作中，奥本海默提出了建立一个中央实验室的必要性，这反映了他的远见卓识，也显示出他是一位卓越的组织者。

这个建议得到了支持，有人提议让奥本海默来担任这一最高实验室的领导。这个建议引起了格罗夫斯将军的注意，他认为奥本海默的想法是一个好主意。1942 年秋天，格罗夫斯将军第一次会见奥本海默，两人设计了未来实验室的蓝图，并为实验室选了地址。

奥本海默卓越的才能给格罗夫斯将军留下了深刻的印象，他力排众议任命奥本海默为洛斯阿拉莫斯实验室的负责人。

曼哈顿计划是一项史无前例的庞大工程，据说总共约有 20 万人从事这项工作。

奥本海默在招兵买马时，还特别强调“德国将要造出原子弹”，来激励那些科学家为人类的正义而斗争。奥本海默善辩的口才是有口皆碑的。他的文学素质极高，在谈话中经常引经据典，使人佩服。他的招兵买马获得了很大成功，在原子弹爆炸前，有几千人在洛斯阿拉莫斯实验室工作。

奥本海默管理着洛斯阿拉莫斯实验室的所有工作，他也为此而拼命工作。

在技术上，奥本海默与大家共同商量、设计，甚至提出许多具体建议。他善于帮助别人澄清思想，而澄清的程度常常使他们大吃一惊。同时，作为原子弹的卫道士，还要防止让科学家们在精神上和现实相抵触，他使人们觉得，他们是在为进行一场正义的事业不得不制造消灭成千上万人的武器。一句话，就是要免除科学家们在制造这种可怕武器过程中的负罪感。

洛斯阿拉莫斯实验室的工作在奥本海默和其他科学家的共同努力下，朝着既定的目标稳步前进。

到 1945 年初夏，经过两年多的努力，洛斯阿拉莫斯实验室第一次能把原子炸药凑成一个临界量，能进行第一次原子爆炸。又经过一段时间，实验室的工作基本上结束了，人类历史上第一批原子弹武器被制造出来。1945 年 7 月 16 日早晨 5 时 29 分，第一颗原子弹在美国新墨西哥州的阿拉默果尔多沙漠爆炸了。

奥本海默也在现场，在爆炸前，他非常紧张，以至格罗夫斯将军不得不来安慰他，让他安静。他当时彷徨于两种思想的冲突中：既担心实验可能会失败，又害怕实验会成功。

当倒计时报数员报出“到！”时，原子弹准时起爆，先是出现可怕的刺目闪光，接着就是巨大的爆炸声，两秒钟后，人们才能看一眼爆炸中心，中心如太阳一样火红，巨大的火球从地面缓慢地升到空中，出现了巨大的蘑菇云。爆炸的直径为 1 英里，125 英里之内的窗玻璃都被震碎，能量抵得上 2 万吨 TNT 炸药。这真是一场凶神恶煞般的表演，在场的每一个人都感到有一种冷透心骨的恐惧。

当时有一位科学家向奥本海默祝贺："现在我们都成了狗娘养的。"奥本海默认为，这就是有关原子弹爆炸实验说过的最传神的一句话。

1945 年 8 月，原子弹改变了世界历史的进程，奥本海默的名字第一次出现在报纸上，他被称为"原子弹之父"。

"核和平之父"西拉德

公众把奥本海默称为"原子弹之父"，但是犹太科学家西拉德对原子弹的了解与贡献也许超过奥本海默。

1939 年 7—8 月，西拉德两次（第一次与维格纳，第二次与特勒）来到爱因斯坦处。其结果就是 8 月 2 日爱因斯坦通过罗斯福的密友递交给罗斯福总统一封信；与此同时，交给罗斯福的还有西拉德 1939 年 8 月 15 日写的备忘录，这个备忘录除了更详细地解释裂变研究的最新进展和意义外，再次提出了限制发表这方面文章的必要性。这与他们身为犹太人的经历和对希特勒的警惕有很大关系。

爱因斯坦的信和西拉德的备忘录直到10月11日才送到罗斯福手中，这引起了美国政府的注意，总统下令马上成立铀委员会。10月21日，西拉德、维格纳、特勒参加了铀委员会第一次会议并讨论了原子能的前景。

1942年12月2日，在芝加哥大学斯塔格运动场的看台下面，第一座链式反应堆试验成功，人类终于成功地释放并控制了原子能。当人们欢呼雀跃之际，为此奔波了近10年的西拉德却忧心忡忡。在费米与西拉德握手庆贺时，西拉德说："这一天将被载入史册，成为人类历史上黑暗的一天。"

尽管西拉德是第一个动议研制原子弹的人，但他这样做纯粹是为了对付纳粹德国。当这种目的已不复存在时，他第一个提出了"继续发展原子弹目的何在"的问题。西拉德也是第一个提出反对使用原子弹的人。1945年6月，西拉德向奥本海默第一次说出"使用原子弹攻击日本是一个严重错误"时，"原子弹之父"奥本海默大吃一惊。在西拉德等人发起和参与下写成的《弗兰克报告》，于1945年6月正式向官方提出不使用原子弹攻打日本的建议。

为了加强道义的力量，1945 年 7 月西拉德联合 69 位原子科学家给美国总统杜鲁门写了一份反对使用原子弹的请愿书，其中写道“……战争越来越残酷……我们在战争中使用原子弹，就会使世界在这条残酷无情的道路上走得更远。”

西拉德及其他芝加哥科学家们的抗议并没有产生直接影响。原子弹的使用终于使世界在残酷无情的道路上迈出了实质性的第一步。西拉德此时清醒地认识到，要想增加道德的力量，必须把真相告诉公众及社会。在他的动议下，芝加哥大学校长哈钦斯，于 1945 年下半年召开了一次重要会议，许多政界知名人士都出席了会议。三天的会议讨论了核时代即将出现的各种问题，诸如，预防性战争、国际控制原子能、核查问题等。西拉德称这次会议是他所参加的“最好会议”。这次会议为即将到来的科学家反核战争的和平运动进行了组织上的准备。会上讨论的问题日后几乎都成为公众兴趣的中心。后来，他又提出了“国际控制原子能的问题”并发起了国内控制原子能运动，在公众中树立了“核和平之父”的形象。

在核时代，缔造和平者就是当之无愧的英雄。对于维护 40 多年的核和平而言，我们可以列出许多和平英雄的名字，而西拉德是这批英雄中的佼佼者。

原子弹的装配者和“氢弹之父”特勒

特勒是 20 世纪杰出的理论物理学家，同第二次世界大战中的欧洲犹太人一样，无法避免来自纳粹分子对他的迫害，因而辗转来到了美国。美国自由的科学环境使他的才华得以充分发挥，他感兴趣的是理论物理研究，而不是应用科学。然而，入籍美国后，也许是他为了美国国家安全的需要，也许是他对纳粹主义的深恶痛绝，他同许多来自欧洲的科学家在第二次世界大战中，研制出了世界上第一颗原子弹，继而在最初的冷战时期造出了第一颗氢弹，作为美国的“氢弹之父”被载入史册。

1937 年，特勒和伽莫夫一起从事热核能的理论研究，还共同发表了一篇有关这方面的论文。这篇论文首次提出：在热核反应中起作用的是温度。这个理论认为，太阳或其他星球内部由于巨大能量的释放产生了极高的温度，因此，它们能够使轻原子核（如氢）的聚变不断地进行下去。这为以后特勒制造出氢弹奠定了理论基础。

1938 年，人们对热核问题已经普遍产生了兴趣。在这种情况下，伽莫夫和特勒把这个问题确定为华盛顿理论年会的一个主要题目。伽莫夫和特勒的论文也在提出的论文之列。这次会议达到了预期目的。它不但解答了一些问题，而且还提出了很多问题，促使世界上一些最优秀的科学家回去后在自己的实验室和课堂里探寻星球能源之谜。

在这个时期，特勒还在玻尔等人提出的量子力学基础上进行了研究。特勒通过他的博士论文做出了一个贡献：他算出了最小的一种分子——氢分子的离子能级。

之后，他被邀一起参加原子弹的研制，负责有关内爆方面的问题，对原子弹爆炸的成功同样作出了巨大贡献。

正当广岛和长崎上空的放射性尘埃飘向世界各地的时候，特勒和其他许多人的生活也开始了一个新的时期。

世界反法西斯战争已经全面结束了。经过长达 3 年紧张工作的洛斯阿拉莫斯实验室的人们都厌倦了这种紧张而不自由的生活，他们先后离开了这里，回大学重返讲坛或搞自己心爱的纯科学研究去了。

然而，有一个人不是这样，他就是特勒，他极端反共，也极端反苏，他认为俄国熊甚至比希特勒还要可怕。他知道，美国对核武器专有的局面维持不了多久，所以为了将来在力量上压倒敌人，美国的核武器研制就不能停下来，要开发威力更大的超级弹！

可是在当时，这几乎是特勒一个人的想法，不懂得核技术的军界、政界人士认为，美国对核武器的专有权至少可以维持 20 年。而对于大多数参与制造第一颗原子弹的科学家们来说，广岛、长崎 10 余万具烧焦了的尸体虽已被掩埋了，但是它们的臭气却压在“已经知罪”的他们的心中永远挥散不去。只要他们活在世上一天，就不得不诵念忏悔经。这些人中间有一种很强烈的感觉，好像有人要他们撰写人类悲剧的最后一章，哪有什么心思来造更厉害的杀人武器！

所以，当时特勒很孤单，后来一些人称他为“战争狂”大概就是缘于此吧。

如果说在制造原子弹的过程中，特勒只是一个单纯的科学家的话，那么，在设计制造氢弹时，他已经成为一个集科学与政治于一身的人物了。

最初，这不单是一个理论或技术问题，而是到底发展不发展超级弹的问题。他知道，重原子核在裂变过程中可以释放巨大能量，而轻原子核在聚变过程中则可释放出更大能量。

他首先战胜了以奥本海默为首的一批资深科学家组成的原子能委员会总顾问委员会对制造氢弹一事的阻挠，取得了美国总统杜鲁门的支持。他几经奔波，建立了第二实验室——得弗莫尔实验室，聚集了一大批有才能的科学家，开始了氢弹的研制工作。

而后，他提出，核聚变只能由核裂变引起，核裂变产生高温，高温使核聚变实现。为了使氢弹威力更大，他在设计制造过程中，使用氢的两种同位素氘和氚做核聚变材料。由于氢的沸点极低（氢的沸点为－252℃），因而在设计制造第一颗液态氢弹上，包括一部分庞大的冷却设备，这就是重达65吨的“迈克装置”，关于它的威力尚属保密范围。它是一个圆柱形的怪物，被建在南太平洋上一个小岛上。爆炸实验于1952年10月31日进行，事后，直径1英里的小岛不见了，剩下的只是海中的一个大窟窿。1953年8月12日，即“迈克”实验的9个月之后，苏联爆炸了一颗可运载的氢弹，技术上已经超过了美国。

特勒的判断是正确的。他的正确判断导致他的行动符合美国国家安全的需要,终于成了美国的“氢弹之父”。

三、纳粹德国研制原子弹之谜

中国著名作家巴金在《访问广岛》一文中写道：

流传着这样一个故事：一个两岁小孩当时受到原子辐射，10 年后发了病。她根据过去的传说，相信自己折好一千只纸鹤，就能得到幸福、恢复健康。她在病床上一天一天地折下去。她想活。她不仅折到一千只，而且折到一千三百只。但是她死了。

这就是原子弹的威力，不仅比 1 000 个太阳还要亮的巨大辐射可以毁灭人类，而且有巨大的后遗症。正是一大群流落到美国的犹太科学家打开了这个“潘多拉的盒子”，一个可怕的时代开始了！

在日本上空的原子闪电，作为第二次世界大战结束的信号，已经成为历史，但人们在追忆瞬间使 10 万人丧生和广岛成为废墟的这一可怕的悲剧时，更多地看到了今天的现实：当今世界，有核弹头 3.7 万—5 万枚，总量达 180 亿吨。按世界人口计算，每人可摊上 3 吨至 4 吨。如每秒钟扔一颗像当年投在广岛那么大的原子弹的话，可持续扔 4 天半的时间。核裂变及链式反应的发现，实际上为人类提供了两种可能：和平利用核能和自我毁灭的手段。因此，哲学家怀特海在《科学与近代世界》一文中说:“我要提醒一句，悲剧的本质并不是不幸，而是事物无情活动的严肃性。但这种命运的必然性，只有通过人生中真实的不幸遭遇才能说明。因为只有通过这些剧情才能说明逃避是无用的。这种无情的必然性充满了科学的思想。物理的定律就等于人生命运的律令。”

希特勒屠杀了 600 万犹太人，却让以爱因斯坦为首的上百位犹太科学家逃亡了，并组成了洛斯阿拉莫斯实验室，圆满地完成了“曼哈顿计划”，并抢在纳粹德国之前爆炸了原子弹。这时，难免有人会问：难道纳粹德国也研制原子弹了吗？如果他们不赶走那批犹太科学家，抢在美国前爆炸了原子弹，人类的历史将会怎样？是啊，后果不堪设想，幸亏纳粹研究计划失败了。正如“氢弹之父”爱德华·特勒所言：依照德国的科技水平，在 1942 年就可以造出原子弹。因为早在 1938 年德国物理学家就已成功地进行了元素铀核裂变的实验。为何直至第二次世界大战结束，德国人的原子弹仍未造成呢？

传统观点是，由于盟军和挪威人民的共同努力，纳粹德国原子弹的研制工作一次次中断，从而避免了“核幽灵”助纣为虐的可怕局面。

1942年下半年，希特勒自开战以来惯用的闪电战术失灵。为扭转不利局面，纳粹德国加大了研制原子弹的力度，加快了研制原子弹的步伐。

位于挪威南部平原的维蒙克工厂，在被德军占领和接管后成为德国人生产重水的重要场所，而重水即氧化氘，是原子核爆炸不可或缺的重要原料。英国情报局很快窃取了德国人增加重水生产的秘密，并针锋相对地制定了代号为“新手”的作战计划。该计划试图通过空投伞兵，一举摧毁维蒙克工厂的重要设施。但在实施过程中由于天气恶劣，再加上伞兵们缺乏相应的经验，要么机毁人亡，要么被活捉，计划以流产告终。消息传到伦敦，英国政府非常失望，同时也非常着急。

经过反复酝酿，一个新的破坏活动方案出笼。1942年6月26日，6名挪威特种兵被空投到维蒙克工厂所在的平原上。在夜幕的掩护下，他们甩出绳索，身轻如燕地攀登上了峭壁，并与地下组织取得联系，悄悄地向目标靠近。行动人员绕过重兵把守的岗哨，通过铺设电缆的地道进入工厂，找位置，放炸药，然后点火，紧急撤离，一切干净利落，悄无声息。随着一声巨响，该计划大功告成。捷报传来，众人释然。可是，出乎意料的是，不到半年工夫，死灰复燃，纳粹德国恢复了重水的生产。为此，盟军当机立断，对其实施了严厉的空军打击，投下百余吨炸药，迫使其生产陷入瘫痪。

此后，希特勒决定将设备及重要原料转移到德国境内。英国情报部门获悉，制订了新的行动方案，派遣挪威间谍克纳特与斯金纳兰德打破纳粹的如意算盘。两人潜入担任运输任务的渡船，安放了定时炸弹与雷管，40分钟后，炸弹爆炸，顷刻间，39 桶重要原料沉入 300多米深的湖底。纳粹的原子弹美梦由此灰飞烟灭……

另一种观点认为，希特勒实行的种族政策，不仅对德国原子弹的研制是个致命打击，同时也客观上帮助美国率先研制出了原子弹。德国法西斯对犹太人的屠杀政策，使得爱因斯坦、费米等著名科学家纷纷逃离德国避难，这对希特勒的原子弹研制事业来说无疑是个巨大损失。同时，希特勒一开始并未意识到德国物理学家奥托·哈恩和弗里茨·斯特拉曼两人在 1938 年成功进行的元素铀核裂变试验的重要性。结果，两人的科学研究成果得到公开发表。1939 年 8 月 2 日，爱因斯坦等人致函美国总统罗斯福，敦促美国抓紧研制原子弹。美国其后开展的原子弹研制活动极其秘密，希特勒对其进展情况知之甚少，与此同时，纳粹德国又把更多的精力和金钱投向了 V—2S 巨型远程火箭的研制上。

有人认为，古雷特·嘎尔波在粉碎纳粹德国原子弹梦的过程中扮演了重要角色。嘎尔波是一个演员，因出演《安娜·卡列尼娜》与《茶花女》中的主角而在欧洲闻名遐迩。难能可贵的是，她反对希特勒，做事勇敢、果断，成了盟军的情报人员。凭借见多识广、风姿绰约的优势，嘎尔波很快建立了秘密交通联络网，并与物理学家尼尔斯·玻尔教授取得了联系。通过书信来往，暗号传递，终于使得玻尔教授安全脱险，加入反法西斯队伍。玻尔教授后来参加了美国研制原子弹的“曼哈顿计划”。

1984 年，波兰《是与非》周刊则认为，德国未造出原子弹是由于波兰爱国者的破坏而引起的一个差错造成的。研制原子弹最理想的减速剂是石墨，由于具有强烈反法西斯思想的总工艺师埃尔温·施密特从中“作梗”，在石墨中掺杂了钙等其他化学物质，从而使得纳粹德国的实验多次失败。

另一种有代表性的观点认为是海森堡破坏了德国研制原子弹的计划。海森堡是德国伟大的物理学家，为德国原子弹计划负责人。第二次世界大战结束后，他曾声称自己凭着科学家的良知，抵制和破坏了纳粹研制原子弹的活动。但《纽约时报》说，曾为海森堡恩师兼朋友的丹麦物理学家尼尔斯·玻尔表示：真实情况并非如此。

2002年，英国媒体披露了纳粹德国原子弹研制失败的新秘密，声称：海森堡与玻尔确实于1944年在哥本哈根会晤过，但海森堡只是向玻尔暗示德国当时正在研制原子弹，并没有表示为此担忧并破坏纳粹的活动。言下之意是，海森堡并没有什么道德良知，只不过是没有研制成功罢了！

两个关键人物玻尔死于 1962 年，海森堡死于 1976 年，已经无法对证。作为纳粹德国原子弹研制计划的主持人，海森堡到底是帮凶还是反战争英雄，也只能寄希望于今后澄清。[①]

据杨建邺、徐绪森所著《蘑菇云下的阴影——诺贝尔奖与原子弹》一书的观点，德国科学家于1939年4月22日得知了哈恩和斯特拉曼发现了核裂变的秘密，敦促德国政府进行原子弹的研究，德国陆军部采纳了这一建议，并成立了“铀俱乐部”。1939年9月26日，著名科学家海森堡参加了柏林召开的第二次核研究会议，并指出了两种利用核裂变能量的可能方法：一是利用纯铀235制作一种超级炸弹；二是使用一种减速剂使第二代中子减速，从而制造出一种“铀燃烧器”作为能源以提供巨大的能量。汉堡大学的哈特克也来了，他指出将铀和减速剂分层放置的重要性。两个月后，费米和西拉德也得出了相同的设想。海森堡认为，从理论上说，石墨

---

① 王春来:《世界战争之谜》，文汇出版社，2005 年，第 262—264 页。

和重水都可以作为减速剂，但哈特克这位曾在卡文迪什同卢瑟福一起工作过的物理学家，却认为用重水做减速剂比较好。其实，这是德国人失败的主要原因。因为重水的生产是极其困难和昂贵的，战前世界最大的重水生产厂——挪威的电解水厂每月只能提供10公斤重水，德国本土没有这种设施。其间，曾获诺贝尔物理学奖的德国物理学家博特也开始了用氧化铀和重水的核实验，结果他犯了一个致命的错误，他根据实验断言：纯石墨由于吸取过多的中子而不宜做减速剂。由于博特的权威性影响，别的实验室就没有用石墨做过重复实验。与此同时，费米在美国测出纯石墨非常适合做减速剂，这才奠定了美国的成功。由于重水做减速剂非常困难，由此延缓了德国研铀的速度，再加之苏联战场的失利，德国被迫于1941年年底放弃核试验，并于1942年6月开始集中精力研究能产生能量、驱动机器运转的“铀锅炉”。与此同时，在大西洋彼岸的那一帮美国精英犹太物理学家却加快速度，核实验步步成功。参加曼哈顿计划的犹太物理学家有：奥本海默、西拉德、维格纳、贝特、墨格雷、费曼、拉比、布洛赫、尼尔斯·玻尔父子、爱德华·特勒……而且年龄多在32岁左右，并先后获过诺贝尔奖，人称“智者大聚会”。玻尔是公认的“科学之父”，后来他以轻蔑的口吻提到希特勒，说他只有几百辆坦克和飞机，却企图奴役欧洲1 000年。这类事情永远也不可能再发生了……

四、迈特纳：与诺贝尔奖擦肩而过的犹太女人

上海科技教育出版社出版过《权谋——诺贝尔科学奖的幕后》一书，作者为世界上首屈一指的诺贝尔科学奖史研究者美国人罗伯特·马克·弗里德曼，好像也是一名犹太人。在这部40万字的巨著中，作者直击诺贝尔物理学奖和化学奖的核心内幕，揭露该奖评选过程中生动的，甚至极具感情色彩的权谋斗争。有趣的是，作者在该书中，一方面对美国第一位获诺贝尔物理学奖的犹太人迈克尔逊进行了质疑，另一方面又为另一位未获诺贝尔奖的犹太物理学家丽丝·迈特纳深表同情。

弗里德曼认为，迈克尔逊曾于1904年被提名，但未获通过。但评奖委员会中有一位名叫哈塞尔贝里的委员却对迈克尔逊推崇备至，他认为迈克尔逊是一位精密测量的大师。因为迈克尔逊在度量衡学方面的成就，与这位委员的实验主义物理学理想非常吻合，而诺贝尔奖评委会中的另外3位委员也抱有这种实验主义“偏见”，因此，哈塞尔贝里很愿意为这位美国人的获奖而效力。最后，在这位“发烧”委员的强力建议下，诺贝尔奖评

委会和皇家科学院都承认了迈克尔逊“在精密物理学上具有基本的、划时代的价值”，并于1907年将物理学奖颁给了这位美国犹太人。

另一位犹太女科学家丽丝·迈特纳的命运却与迈克尔逊截然相反。迈特纳是一个由德国逃亡到瑞典的犹太人，1938—1939年，她与从前的柏林同事哈恩和斯特拉曼一起发现并初步解释了核裂变现象，是该小组的领导人和核领域的先驱者。美国原子弹的消息传出后，她受到记者的包围。几个月后她访问美国，受到美国物理学界的欢迎。杜鲁门总统接见了她，罗斯福夫人通过无线电和她交谈。许多人认为，她应该同哈恩分享诺贝尔奖，而事实上，瑞典诺贝尔奖物理学评委会和皇家科学院的一些领导人，担心迈特纳获奖后会撼动他们在瑞典科学界的地位，拒绝评审该年度关于核裂变的物理工作，便将1944年的诺贝尔化学奖以“发现重核裂变反应”之名颁给了德国科学家哈恩，真是一个天大的笑话。最可耻的是，连哈恩本人也否定了迈特纳对他的影响。弗兰克·克莱因等许多诺贝尔奖得主纷纷为迈特纳鸣不平，但真理在个人利益、政治偏见面前有时像个孤独无助的小孩。[1]

① 〔美〕罗伯特·马克·弗里德曼：《权谋——诺贝尔科学奖的幕后》，杨建军译，上海：上海科技教育出版社，2005年。

1938 年 7 月，迈特纳被迫逃出柏林——她曾经生活和工作了 30 年的地方。她是维也纳大学历史上第二位被授予物理学博士学位的女性。她于 1907 年到柏林，但她必须冲破普鲁士人对女性从事学术活动的各种限制。人们一般都愿意帮助这位害羞、聪明而有决心的女人。政治上保守的普朗克帮助她进入了柏林的物理学界。她曾经短期担任他的助手，而且成为他毕生的朋友。她在社交上和智性上融入了柏林显赫的物理学家爱因斯坦、詹姆斯 · 弗兰克、冯 · 劳厄、普朗克和施特恩的圈子中。

当时，一个女性担任大学教职是无法想象的，但新成立的、私人斥资的威廉大帝研究所为她提供了一个机会。在第一次世界大战前，她和哈恩加入了新成立的化学研究所。年轻的哈恩也是初到柏林，他曾经在国外工作于新兴的放射性领域。他需要一位物理学家的帮助以继续他工作，而她则需要更多的、普朗克不可能提供的实验上的合作。1918 年，他们声明发现了一个遗失的放射性元素，周期表中的第 91 号元素——镤。他们在威廉大帝化学研究所各自有了自己的系和教授职位——迈特纳在物理学系，哈恩在化学系。因为镤的发现和其他的成就，他们曾在 20 年代和 30 年代几度被提名诺贝尔奖。同时，迈特纳开始了核物理学方面的研究。

迈特纳在这个新兴的专业上的工作，使柏林成为国际核物理学中心。当 20 世纪 30 年代许多物理学家转向核问题时，柏林的迈特纳实验室已经很有名了。当初，是迈特纳把哈恩吸引到核研究的合作上来；他们在 1934 年开始合作，4 年后发现了核裂变。

核裂变在成为爆炸性新闻前便遇到了一些难堪。在 30 年代中晚期，没有人十分了解用中子轰击重元素（包括最重的铀）所产生的复杂、令人眼花缭乱的一些结果。轻元素的核与其他粒子碰撞时可能分裂，可是没有人知道重元素被轰击时会发生什么。由其小组对周期表的系统研究，费米在 1934 年春天宣布重元素有吸收中子的趋势，然后放出 β 射线——一种高能量的电子——而嬗变。结果便有利于形成比自己在周期表中高一位的元素的同位素。迹象指出，当辐照铀（周期表上第 92 号元素）经过一系列的转换而嬗变时，新的元素便会形成——第 93 和第 94 号元素，超过了当时所公认的周期表终点。

费米最初尝试性地发表这些结果时，他有些忧虑，可是科学家和公众很快就接受了这些事实。虽然一位德国化学家诺达克认为，在每一个可能的解释被仔细审查之前，不应该发表比铀重的所谓新元素，可是没有人把她的忠告当回事。费米的小组被推到镁光灯下。墨索里尼的宣传机器把他们捧成了重建法西斯意大利科学辉煌时代的先驱。随着热潮蔓延，其他的研究队伍加入到寻求辐照铀答案的行列。

这些结果吸引了迈特纳的注意，并促使她开始一个新的艰巨的研究项目。她邀请了哈恩和一位年轻、天赋很高的分析化学家斯特拉曼加入她的工作。他们和在这领域工作的其他人，如居里夫人和她的合作者，都觉得费米的结果有些别扭。这些新同位素的化学特性与预期的不同，一旦得到明确确认，嬗变同位素的放射性半衰期只会添乱。但他们仍然狂热地向前，为一种希望所鼓动：一旦从纷乱中理出头绪，便可以发现新的物理理论和化学原理。

在柏林，迈特纳领导这个小组。哈恩和斯特拉曼负责完成艰苦的化学分析，用多种方法分离、分析微量的放射性样品；依据已经成立的理论，建立各种程序来解释铀和新的铀后元素如何转变成无数的同位素。迈特纳试图解释那些谜一般的结果。他们联名发表的文章广泛传播；他们与在巴黎的约里奥·居里夫人的小组竞争，都希望能发现、解释铀受到辐照后一系列的变化。在巴黎一纸声明再次对整个解释方案表示质疑时，迈特纳又一次敦促她的化学家更加仔细地将其所有测量重做一遍。可是就在合作进入到紧要关头的时候，迈特纳被迫逃离了德国。

对 3 位科学家而言，重要的是留在这个有争议的、有名望的研究路线之顶。可是在纳粹德国，他们都受到了怀疑。哈恩拒绝入党；斯特拉曼公开地强烈反对纳粹，不惜牺牲事业上的升迁，毅然拒绝加入纳粹掌控的德国化学会。迈特纳虽然在幼年就已受洗成为一名基督徒，可是在德国的法律下她仍旧是犹太人。在德国吞并了奥地利之后，她受到种族法的限制，失去了她的职位，而且更糟的命运在等着她。她的朋友们想安排她到另一个国家去，当她知道她已经被禁止离开时，她只好出走。迈特纳于 1938 年 7 月匆匆逃离时，只带着夏天的衣服和 10 马克的钱，以及哈恩送给她应急时可换钱的一枚戒指。迈特纳在她 59 岁时偷渡出境，留下了她所有的东西，包括研究笔记和特殊仪器的设计方案。玻尔和在柏林工作的荷兰科学家德拜，以及荷兰的科斯特为迈特纳安排了从德国到荷兰，再由荷兰到瑞典的路线。正当西格班准备斯德哥尔摩的新的实验室和筹划建造一个回旋加速器时，他被要求接纳一位世界一流的核研究权威者。

迈特纳的境况没有阻止她在核裂变发现上的工作，可是却限制了她发表成就和得到认可的机会。仔细的历史研究最初由克拉夫特进行，后来又由赛姆提供完整的细节，使用未发表的通信、日记和文章的草稿，向我们证明了不能从已发表的科学论文中了解到的她那些在核裂变上的工作。他们也回溯了那个谣言——裂变的发现纯粹是以纯化学方法得到的，并没有靠物理学家迈特纳的帮助——的起源和流传。在通俗历史中，甚至错误地说她是哈恩的低级助手。1938—1939 年冬天所发生事情的总结，连同迈特纳与西格班之间关系的回顾，为化学委员会和物理学委员会评审裂变的发现提供了一个有价值的背景。这不仅是迈特纳所遭遇到的不公平待遇的故事，也显示了在新的大科学时代，诺贝尔奖所扮演的重要角色。

从 1938 年 7 月起，迈特纳，这小组的精神领袖，离开了哈恩和斯特拉曼。哈恩不顾政治上的危险继续与迈特纳通信。在她出走之前，哈恩和斯特拉曼已明确地分离、分析了辐照铀所产生的各种产物。从一个化学家的观点来看，哈恩认为铀后元素的存在是“不再有疑问了”，而它们与其他元素的区别也“没有再讨论的必要”。但迈特纳仍对这些结果保持怀疑。她无法以当时盛行的核结构理论来调和这些结果所蕴含的核过程的混乱图式。对此问题的困惑使她一再要求他们重做化学分析。

1938 年秋天，哈恩向迈特纳写信报告了小组的工作，在如何解释和进一步研究的方向上向她请教。他们于 11

月 13 日和 14 日在哥本哈根秘密会面，标志着纳粹进一步加强了对犹太人和不同政见分子的迫害。据哈恩的日记记载，在丹麦，关于铀的问题他们讨论了许多个小时。迈特纳知道他们的结果是不正确的，要求他们对最关键的实验作进一步的改进。斯特拉曼多年后说，幸亏他们非常看重她的意见和判断，他和哈恩马上开始了新一轮的测量。

在最后一次分离、鉴定辐照铀的特定产物时，哈恩和斯特拉曼发现了一种类似钡元素的物质，原子序数大约是铀的一半。1938 年 12 月 19 日，哈恩异常激动地写信给迈特纳，问她是否能给出一个“奇怪的解释”，为什么这个同位素与钡相似？他说他们知道铀实际上不会“突然变成钡”。几天后他再度写信向她请教，因为他不敢发表这个貌似荒谬的物理结果。没有她的物理学解释上的指导，他会对他和斯特拉曼的化学分析丧失信心。

在那篇哈恩准备起草的文章中，他断言：化学分析的结果，使他认为辐照铀的产物不是某种形式的镭而是钡；然而，“作为与物理学相近的‘核化学家’，我们还不能贸然作出这个与过去所有核物理学经验相矛盾的结论。这里面也许还有一些不寻常的巧合，使我们得到这些虚假的结果”。

此时，迈特纳已对以前所有解释铀嬗变的努力感到失望，她马上回信给哈恩，在做解释上给了他新的勇气。她同意，镭看起来像钡使人不解，而铀核的“大型分裂”的想法又很难使人接受，“可是在核物理学上我们已经经历了如此之多的意外，我们不能绝对地肯定‘那是不可能的’”。迈特纳让哈恩自由地思想；她不愿排除某种前所未知的过程，使重原子的核分裂。可是一个中子又如何导致出现分裂的铀核呢？这就像一颗弹珠打垮了一栋办公大楼，这种效果是怎样产生的呢？迈特纳已经准备接受这种可能性了，她要求哈恩为他的化学发现找出一个解释。1938 年 12 月 23 日，在收到她的回信 4 天之后，哈恩在他的文章的校样上以一种相当混乱的方式加了一段很短的建议：以前被认为是铀后元素，实际上可能是某种形式的一些比铀轻很多的元素。他没有为这个结果提供任何解释或者可能的过程。

与此同时，迈特纳在不断考虑这种奇特的结果。圣诞节时，迈特纳拜访了她住在哥德堡郊外的孔艾尔夫(kungalv) 的朋友冯 · 巴尔 · 贝尔尤斯。她在这里与她的侄子弗里施相聚，他是一位在玻尔研究所工作的年轻物理学家。他们在白雪覆盖的野外讨论铀之谜。使用玻尔早期构想的原子核像一滴液体的理论，他们设想了一个吸收了中子的铀原子分裂的模型：核并不粉碎，而是像一个不稳定的液滴，当它的表面张力不能再保持液滴的完整时，形成分裂；而中子则促成了最后的不稳定，导致液滴一分为二，并释放出巨大的能量，将碎片向外射出。即使没有参考书在手边，他们也作出了快速的计算和理论上的假设。

在哥本哈根和斯德哥尔摩，弗里施和迈特纳各自继续他们对这个新过程的探索。弗里施做了一系列实验来证明他们的结论。受到哥本哈根一位生物学家同事的启发，弗里施借用活细胞分裂为二的术语提出了一个新术语——核裂变。迈特纳认定裂变的另一产物一定是元素氪的同位素，它随后嬗变成一系列其他元素。她将这些结果告诉了哈恩。但哈恩未发现氪，没有提出任何分裂的机制，更没有考虑到能量的释放。

1939 年 1 月 3 日弗里施同玻尔讨论了他们的结论。虽然玻尔已在液滴原子核模型上工作了多年，他激动地立刻接受了他们的结果，据说他喊出了这么一句话："哎呀，我们怎么这么蠢！我们早应该明白呀。"玻尔劝他们尽快发表这个惊人的想法。他们 1939 年 1 月 16 日，将稿子寄到英国的《自然》(Nature) 杂志。但未能及时发表。这期间玻尔到美国去参加一些物理学会议，并在普林斯顿高等研究院停留了两个月。虽然他曾经答应在文章发表前绝不会吐露一个字，可他没有做到。他们的文章尚未付印时，消息就像链式反应一样快速传开。

玻尔的泄密引起了许多人重复和延伸这个实验和分析。许多物理学家开始为核裂变设计各种理论和实验研究项目。经历了许多困难才得到的原创构思一旦被了解，便几乎被视为理所当然的了。迈特纳和弗里施对核裂变的贡献很快就被埋没在一大堆科学杂志的报告、论文和致编者的信中。到迈特纳和弗里施的文章发表时，那已经不是轰动的新闻了。稍后同盟国的核科学家便封锁了有关核研究的消息，以防止纳粹战争机器制造原子弹。

而令迈特纳更不安的是，在以后的文章和私人通信中，哈恩开始抹杀迈特纳对这个发现所作的贡献。她把自己和弗里施设法澄清此种化学结果的努力告诉哈恩后，哈恩就把这些观点（包括氪的衰变）纳入到他和斯特拉曼的下一篇文章中去了。而对他与迈特纳的通信却只字未提。自然，哈恩受到了极大的压力。研究所的物理学家们，对他们被蒙在鼓里感到很不高兴。正当他们对哈恩的不满达到高峰时，哈恩告诉迈特纳，核裂变的发现是个可以保护他和他实验室的“奇迹”对物理学家们，他坚称这是个在军事和经济上有重要价值的问题，他在部门中的地位就有了保障。可是当他告诉迈特纳这个故事时，她感到失望。

仅仅几个星期前，当哈恩不能解释他和斯特拉曼的分析时，还像往常一样向迈特纳求助。在圣诞节时，哈恩甚至问过迈特纳是否有什么文章可以跟他们的文章同时发表，让人们知道这个小组的3个人仍然在这件工作上合作。当然，他们不可能在一起发表。迈特纳，一个非法逃出德国的犹太人，是帝国的敌人。可是一旦裂变现象被了解，一旦哈恩知道核裂变是他在纳粹政权下个人安全和职业的保障，他虽然有点犹豫，但还是大胆地将功劳都归到自己名下。他声称这个发现与物理学无关，而迈特纳，这位物理学家，可能不会让他得到这个发现。

迈特纳落得为铀后元素背黑锅的下场。在1月间她就明白，虽然哈恩和斯特拉曼在化学结果上，自己和弗里施在解释上有可喜的进展，但是这个过程的发展使她处在一个很不利的地位。从表面上看来，她不离开柏林，他们就一直陷在混乱中；一旦她离开柏林不再干预后，化学家们就发现了真理。哈恩在他的文章中几乎完全不提迈特纳，也不谈他们之间的通信。当他处于危险时这是可以理解的。可是如历史学家赛姆和克拉夫特所指出，甚至在战后他仍旧传播这个神话，而他有足够的机会将真相告诉世人。迈特纳担心她的瑞典新同事们会持这种看法，特别是西格班。但她没想到的是：她的某些新同事根本不想搞清楚她作出的贡献。她起先失去了继续研究的机会，后来又失去分享诺贝尔奖的机会，以及在瑞典核研究的领先地位。[①]

正如《丽丝 · 迈特纳——物理学中的一生》一书的译者在译序中所写，瑞典诺贝尔奖评委会和她的密友对她的压制和中伤，使我们看到这名弱女子在遭受迫害时的坚强风骨，也看到了反犹主义的影子。

① 〔美〕罗伯特 · 马克 · 弗里德曼：《权谋——诺贝尔科学奖的幕后》，杨建军译，上海：上海科技教育出版社，2005 年。

第二章　犹太人与诺贝尔化学奖

如果希望人类辉煌的文明得以延续下去，就必须节约使用地球上蕴藏着的矿物。地球就这么大，蕴藏量有限，总有取尽用竭之时，更何况在许多情况下是浪费瞎用，多么可惜！……节用节用，为人类未来文明所想。

——莫瓦桑

我是德国最有能力的人之一。我胜过一个伟大的军队司令，胜过一个工业巨头。我是许多工业的奠基人……你不是从丰富的东西中加以创造——你在一块一无所有的土地上从无之中创造一切，你努力使一个无依无靠、四处漂泊的民族恢复一种尊严感。我认为你是成功的。在临终之际，我发现自己失去了一切。

——哈伯

对权威的愚忠，是真理最坏的敌人。

——爱因斯坦

一、1901—2001年犹太人获诺贝尔化学奖统计

时间	获奖人	国籍	获奖原因
1905年	拜耳	德国	从事有机染料以及氢化芳香族化合物的研究
1906年	H. 穆瓦桑	法国	从事氟元素的研究
1910年	O. 瓦拉赫	德国	从事脂环式化合物的研究
1915年	R. 威尔施泰	德国	从事植物色素、叶绿素的研究
1918年	F. 哈伯	德国	发明固氮法
1943年	G. 赫维西	匈牙利	利用放射性同位素示踪技术研究化学和物理变化过程
1961年	M. 卡尔文	美国	揭示了植物光合作用机理
1962年	M. F. 佩鲁茨	英国	测定出蛋白质的精细结构
1971年	G. 赫兹伯格	加拿大	从事自由基的电子结构和几何学结构的研究

续表

时间	获奖人	国籍	获奖原因
1972年	安芬森	美国	从事核糖核苷酸酶的活性区位研究
1977年	I. 普利高津	比利时	主要研究非平衡热力学，提出了“耗散结构”理论
1980年	P. 伯格 W. 吉尔伯特	美国	从事核酸的生物化学研究，确定了核酸的碱基排列顺序
1981年	R. 霍夫曼	美国	从事化学反应过程的理论性研究
1982年	A. 克拉格	英国	开发了结晶学的电子衍射法，并从事核酸蛋白质复合体的立体结构研究
1985年	H.A.豪普特曼	美国	开发了应用X射线衍射确定物质晶体结构的直接计算法
1986年	D. R. 赫施巴赫	美国	研究化学反应体系在位能面运动过程的动力学

续表

时间	获奖人	国籍	获奖原因
1988年	R．哈特姆特·米歇尔	德国	分析了光合作用反应中心的三维结构
1989年	S．奥特曼	加拿大	发现了核糖核酸自身具有酶的催化功能
1992年	R．A．马库斯	美国	对溶液中的电子转移反应理论作出贡献
1996年	H．W．克罗托	英国	发现了碳元素的新形式——富勒氏球（也称布基球）C_{60}
1998年	W．科恩	美国	提出密度函数理论

根据有关资料显示，从1901年到2001年，共有137人获得了诺贝尔化学奖，其中有23位犹太人，占化学奖获奖总人数的16.8%。

在上述诺贝尔化学奖得主中，有较大影响的是拜尔、穆瓦桑、威尔施泰、哈伯、佩鲁茨、普利高津、吉尔伯特和奥尔特曼等人。拜尔是最早获诺贝尔化学奖的犹太人，他最先研究了染料合成技术；法国犹太人穆瓦桑首次离析出纯氟并建立了高温化学；哈伯是“合成氨之父”；威尔施泰则发现了植物色素和叶绿素；佩鲁茨确定了血红蛋白的分子结构；普利高津研究了非平衡态热力学，并提出了著名的“耗散结构”理论；吉尔伯特则发明了测定人类 DNA 顺序的方法；伯格则研究操纵子基因重组 DNA 分子；奥特曼则发现了核糖核酸（RNA）的催化功能。可见犹太人对人类化学进程的贡献之大。

2004 年度诺贝尔化学奖授予 3 名科学家——2 名以色列科学家阿龙 · 切哈诺沃、阿夫拉姆 · 赫什科和 1 名美国科学家欧文 · 罗斯，以表彰他们发现了泛素调节的蛋白质降解。其实他们的成果就是发现了一种蛋白质“死亡”的重要机理。他们突破性地发现了人类细胞如何控制某种蛋白质的过程，具体地说，就是人类细胞对无用蛋白质的“废物处理”过程。

蛋白质是由氨基酸组成的，氨基酸如同砖头，而蛋白质则如结构复杂的建筑。正如有各种各样的建筑一样，生物体内也存在着各种各样的蛋白质。不同的蛋白质有不同的结构，也有不同的功能。通常看来蛋白质的合成要比蛋白质的降解复杂得多。

蛋白质的降解在生物体中普遍存在，比如，人吃进食物，食物中的蛋白质在消化道中就被降解为氨基酸，随后被人体吸收。在这一过程中，一些简单的蛋白质降解酶如胰岛素发挥了重要作用。科学家对这一过程研究得较为透彻，因而在很长一段时间他们认为蛋白质降解酶没有什么可以深入研究的。不过，20 世纪 50 年代的一些研究表明，事情恐怕没有这么简单。

最初的一些研究发现，蛋白质的降解不需要能量，这如同一座大楼自然倒塌一样，并不需要炸药来爆破。科学家发现，同样的蛋白质在细胞外降解不需要能量，而在细胞内降解却需要能量。这成为困惑科学家很长时间的一个谜。20 世纪 70 年代末至 80 年代初，阿龙 · 切哈诺沃、阿夫拉姆 · 赫什科和欧文 · 罗斯开始了一系列研究，终于揭开了这一谜底。原来，生物体内存在着两类蛋白质降解过程：一种是不需要能量的，比如，发生在消化道中的降解，这一过程只需要蛋白质降解酶参与；另一种则需要能量，它是一种高效率、指向性很强的降解过程。这如同拆楼一样，如果大楼自然倒塌，并不需要能量，但如果要定时、定点、定向地拆除一幢大楼，则需要炸药进行爆破。

这 3 位科学家发现，一种被称为泛素的多肽在需要能量的蛋白质降解过程中扮演着重要角色。这种多肽由 76 个氨基酸组成，它最初是从小牛的胰脏中分离出来的。它就像标签一样，被贴上标签的蛋白质就会被运送到细胞中的“垃圾处理厂”，在那里被降解。

这3位科学家进一步发现了这种蛋白质降解过程的机理。原来细胞中存在着E_1、E_2和E_3三种酶，它们各有分工。E_1负责激活泛素分子。泛素分子被激活后就被送到E_2上，E_2负责把泛素分子绑在需要降解的蛋白质上。但E_2并不认识指定的蛋白质，这就需要E_3帮助。E_3具有辨认指定蛋白质的功能。当E_2携带着泛素分子在E_3的指引下接近指定蛋白质时，E_2就把泛素分子绑在指定的蛋白质上。这一过程不断重复，指定蛋白质上就被绑了一批泛素分子。被绑的泛素分子达到一定数量后，指定蛋白质就被运送到细胞内的一种称为蛋白酶体的结构中。这种结构实际上是一种“垃圾处理厂”，它根据绑在指定蛋白质上的泛素分子这种标签决定接受并将降解这种蛋白质。蛋白酶体是一个桶状结构，通常一个人体细胞中含有3万个蛋白酶体，经过它的处理，蛋白质就被切成由7至9个氨基酸组成的短链。这一过程如此复杂，自然需要消耗能量。

后来很多科学家的大量研究证实，这种泛素调节的蛋白质降解过程在生物体中的作用非常重要。它如同一位重要的质量监督员，细胞中合成的蛋白质质量有高有低，通过它的严格把关，通常有30%新合成的蛋白质没有通过质检，而被销毁。但如果它把关不严，就会使一些不合格的蛋白质蒙混过关；如果把关过严，又会使合格的蛋白质供不应求。这都容易使生物体出现一系列问题。比如，一种称为“基因卫士”的 P_{53} 蛋白质可以抑制细胞发生癌变，但如果对 P_{53} 蛋白质的生产把关不严，就会导致人体抑制细胞癌变的能力下降，诱发癌症。事实上，在一半种类的人类癌细胞中，这种蛋白质都产生了变异。泛素调节的蛋白质降解在生物体中如此重要，因而对它的开创性研究也就具有了特殊意义。目前，在世界各地的很多实验中，科学家不断发现和研究与这一降解过程相关的细胞新功能。这些研究对进一步揭示生物的奥秘，以及探索一些疾病的发生机理和治疗手段具有重要意义。

3 名科学家在研究细胞控制蛋白质运动方面取得了卓越的成就。他们的研究在 DNA 修复和控制、治疗人类疾病方面具有重要意义。他们的主要工作——发现泛素调节的蛋白质降解，是在 20 世纪 70—80 年代完成的。早在 1942 年，科学家们就发现了蛋白质分子降解现象，其中，赫什科属于早期探索者之一，但这个阶段他们一直把研究方向瞄准三磷酸腺苷（ATP）的作用方面。20 世纪 70—80 年代，切哈诺沃与赫什科曾在罗斯主持的福克斯·蔡斯癌症研究中心做访问学者。在这期间，他们联名发表了一系列论文，揭示了泛素调节的蛋白质降解机理，指明了蛋白质降解研究的方向。3 位科学家在 1979 年 12 月 10 日期美国《全国科学院学报》上连续发表的两篇文章，被诺贝尔化学奖评选委员会称为“突破性成果”，并奠定了他们获得诺贝尔奖的基础。[①]这 3 位科学家中，两位以色列科学家都是犹太人，可见犹太人在这一领域很有潜力。

① 本资料由贾晋京先生在网上获得，本人略作修改。

二、爱因斯坦与哈伯的恩怨沧桑

1979 年 4 月，西柏林。两位知名作家去参加为纪念爱因斯坦、劳厄、哈恩和迈特纳 4 人百年诞辰而在西柏林举办的展览。当经过这个一度让人自豪的首都中的那些被炸弹炸毁的广场和破旧的楼房时，他们浮想联翩。一位名叫阿龙的犹太学者难过地说："这个世纪本来很有可能是德国人的世纪。"那么，这个产生过康德、歌德等无数伟人的国度，为什么竟能两次发动了世界大战？为什么竟有那么大的创造性和毁灭性？这是长期困扰全世界的一个大问题。

对德国人来说，"天才"一词具有一种特殊的含义，它代表了一种魔鬼般的创造能力。正是爱因斯坦、埃尔利希、普朗克和哈伯这些伟大的"天才"，曾创造了德国人的辉煌。但是，他们在强大的独裁政权面前却节节败退，朝不保夕。尤其是这群犹太"天才"们，在反犹分子和纳粹政权的野蛮屠杀下，宛如待宰的羔羊，无论你爱国还是不爱国。爱因斯坦与哈伯的恩怨沧桑，形成了对那段历史真实的见证。

1953 年 10 月 12 日，爱因斯坦在致玻恩的信中写道：

“这是一个盛产屠夫、滥杀无辜的国度。”迈特纳在逃离德国后说：“你问到我对德国的态度……我最好用比喻来表达：我觉得就像一个母亲眼睁睁地看着自己心爱的孩子毫无希望地走向迷途一样。”[①] 20世纪初期，德国的犹太人虽然取得了成功，但在猖獗的反犹主义偏见下，他们却付出了巨大的精神代价。再也找不到另一个国家，对待犹太人既满怀友好，又充满敌意，两种感情奇妙地混合在一起，而犹太人却被这样一个视他们为劣等公民的国家所吸引。犹太复国主义的领袖魏兹曼对那种丧失尊严的奴颜婢膝鄙夷不屑，他希望犹太人远离这个可怕的国家。希特勒上台后，虽然许多德国犹太精英努力抵制，但最后还是以失败告终，直至600万犹太人惨遭屠戮。而犹太人的失败，正是纳粹上台的前提。

20世纪并没有成为德国人的世纪，但是德国在大屠杀中极其野蛮的恐怖行径却始终萦绕在人们的脑际。德国带给人类的灾难性悲剧，发人深思。正如迈特纳在一封信中所言：“甚至连像劳厄和哈恩这样的人都不能理解他们的不作为给自己的祖国带来怎样的命运。”没有一个国家和社会能够幸免于正直公民的不作为所导致的罪恶。也许每个人都身陷罪恶之中，但德国灾难带给人

---

①〔美〕弗里茨·斯特恩：《爱因斯坦恩怨史——德国科学家的兴衰》，上海：上海科技出版社，2004年。

类的教训远没有这么简单。还是让我们在爱因斯坦和哈伯的命运中慢慢思考吧。

向着解放招手的世界

1879 年，阿尔伯特·爱因斯坦在德国乌尔姆诞生了。他以特殊的天赋和才华，用新方式感知旧事物而重建新世界，向因袭的智慧提出了深邃的挑战。几十年来，他是一位具有崇高德行并受人敬仰的人物，也是普通人能容易地叫出名字的科学家之一。这一部分是因为他的科学成就至少是朦胧地为公众所了解，另一部分是因为他对社会问题的勇敢立场，还有部分原因是由于他的善良个性，所以爱因斯坦受到全世界的钦佩和尊敬。对于倾心于科学的孩子或者许多在经济萧条中成长起来的孩子，情况正如爱因斯坦所论证的那样，其中有一些人能成为科学家，从事科学工作并受人尊敬，也许不是可望而不可即的。他自然而然地扮演了科学舞台上的主角。如果没有爱因斯坦，那么，在 1920 年以后成为科学家的许多年轻人，也许未曾听说过有科学事业存在。暗藏在爱因斯坦狭义相对论中的逻辑，可能早于一个世纪就得到了发展，尽管其他人有某些预兆式的洞悉，但相对论还是不得不等待着爱因斯坦。然而从基础上说，狭义相对论物理学是非常简单的，而且许多必要的结果已能从高等代数以及考虑用桨划上行和下行的小船中推导出来。爱因斯坦的生活是富有的，他本人也具有幽默感，对待他那个时代的问题满怀着激情，对教育有深刻的洞见，把科学和政治密切联系起来，并且相信个别人毕竟能够使世界发生变化。

幼年时代的爱因斯坦没有得到应得的教育。他后来回忆说："我的双亲，由于我开始说话比较晚而对我表示担忧，为此他们请教了医生……我那时确实已经3岁多了。"他在小学里是一个平常的学生，他说那里的教师使他想起了对士兵的操练。他厌恶这种枯燥无味机械式的教育方法。"我宁愿忍受各种惩罚而不愿学习喋喋不休地说出那些死记硬背的东西"。爱因斯坦总是对教育、科学和政治中的那些僵硬的训导者深恶痛绝。

5岁那年，他被一个罗盘的奥秘而吸引。后来他曾说过："我12岁时，遇到了完全不同性质的第二大奇迹，那是在一本讨论欧几里得平面几何学的小册子中看到的。这本书中有许多断言，例如，一个三角形的三个高交于一点，它们本身虽然并不是显而易见的，但是却能很可靠地加以证明，以致任何怀疑看来都不可能。这种明晰性和可靠性给我造成了一种难以形容的深刻印象。"正规学校教育只会妨碍这些沉思默想。爱因斯坦在谈到他的自我教育时写道："12 岁到 16 岁，我使自己熟悉数学基础以及微积分原理。这时，我幸运地找到了一些书，它们在逻辑严密性方面并不太严格，但却能够简单明了地突出基本思想……我还幸运地从一部卓越的通俗读物中知道了整个自然科学领域里的主要成果和方法，这部著作几乎完全局限于定性的叙述……它是一部我聚精会神地阅读了的著作。"科学领域的现代通俗作家可以从这些话中得到某种安慰。

他的教师似乎没有一位认识到他的才华。在慕尼黑，德国大学预科学校，这是一所该市首屈一指的中级学校，一位教师告诉他："爱因斯坦，你决不会有任何成就。"15 岁那年，有位教师曾强烈提议要他离开学校。这位教师说："爱因斯坦留在班上会损害我这个班级的荣誉。"爱因斯坦爽快地接受了这个提议，并在意大利北部流浪了好几个月，于 19 世纪 90 年代从一个高级中学中途退了学。综观他的一生，他不修边幅。他在 20 世纪 60 年代或 70 年代依然像个十几岁的孩子，守旧的人几乎确实把他叫作嬉皮（hippie）。

然而，他关于物理学的好奇心和关于自然宇宙的惊愕很快克服了他对正规教育的嫌恶，而且他没有高等学校的文凭来向瑞士苏黎世联邦工业学院申请去那里工作。他没有被批准参加考试，而进入了瑞士的高级中学以补习他原来所落下的课程，第二年才被准许进入联邦学院。但他依然是一位平凡的学生。他厌恶指定的课程，不去课堂而试图追求他真正的兴趣。他后来写道：“在这里当然事实上被禁锢了。为了应付考试，你不得不把所有这些东西都装塞在自己的脑袋里，不论你喜欢不喜欢这些东西。”

他支撑到了毕业，只是因为他的亲密朋友马塞尔·格罗斯曼一直和他同班并与爱因斯坦共同使用自己的笔记。在格罗斯曼逝世许多年之后，爱因斯坦写道：“我记得我们的学生生活。他是一位无可责难的学生，而我自己却不守规矩而且是一个梦想家。他与教师们友善相处，诸事都能理解，而我则被社会所遗弃，被人不满且少为人爱……随后我们的学习期满——我突然被所有的人所抛弃，生活刚开始就失了业。”由于他得到格罗斯曼的笔记，才使他从学院毕业。但是，他在回忆为了毕业考试而学习时写道：“对我也有着一种阻碍作用……我发现对任何科学问题的考虑，对我来说，整个一年都是很不愉快的……现代教育方法还没有完全扼杀探究的神圣好奇心，这正是少有的奇事，因为这株纤小的植物最需要的除了最初的刺激之外，就是自由；没有自由它的确将被毁灭……我相信，如果谁能用鞭打强使一只动物连续地去吃食物，不管它饿与不饿，那么，他就能剥夺掉它所固有的贪婪兽性……”应该说，爱因斯坦的这些话，对于那这些从事高等教育的人无疑是一剂清醒剂。我不知道许多潜在的爱因斯坦们通过竞争性的考试和被迫吞食许多课程而怎样永远地丧失掉了勇气。

在以临时性工作支持他生活以后，爱因斯坦谋得了他想要的职位，进入了伯尔尼的瑞士专利局，成了审查专利申请的检查员，这一合适的机会是通过马塞尔·格罗斯曼的父亲经过交涉而提供的。大约与此同时，爱因斯坦抛弃了德国国籍，成了瑞士公民。3 年以后，即 1903 年，他与大学时的恋人结了婚。关于爱因斯坦究竟核准和拒绝了哪些专利申请，人们几乎一无所知。有意义的是要了解提供的专利是否激发了他在物理学方面的思想。

爱因斯坦的传记作家之一班诺什·霍夫曼写道，在专利局里，爱因斯坦“立即学会了顺利打杂的工作，而这使他抢到极其宝贵的一点点时间以做他那秘密的演算，当听到外面有脚步声越来越近时，他就把这些演算稿心虚地藏进抽屉里”。正是在这样的境遇里迎来了伟大的相对论的诞生。但爱因斯坦以怀念之情回忆专利局是“尘世间的隐居生活，在那里我孕育了我最优美的思想”。

在一些特殊的场合下，他向同事们提议说，灯塔守望人的职业对科学家是一个合适的工作——因为这种工作比较容易做并且允许对从事科学研究所必需的沉思。他的合作者利奥波德·英菲尔德说："对爱因斯坦来说，灯塔上的孤寂生活最能激励人，能使他超脱如此多的他所憎恶的责任。事实上，这对他来说，正是理想的生活。但差不多每一个科学家认为恰好与此相反。长时期来我一直不在科学的气氛中，我也没有一位可以一起探讨物理学的人，这正是我生活中一件痛苦的事。"

爱因斯坦也相信，用教授物理学赚钱是不光彩的事。他认为，作为一位科学家，通过某种别的简单而诚实的劳动以支持自己的生活，又利用余暇从事物理学研究，这对他来说是最好不过的了。许多年以后，爱因斯坦在美国时又说过类似的话，他缅怀往事沉思地说，他曾经愿意当一个修水管的工人，并且立即被授予水管工会的荣誉会员。

1905 年，爱因斯坦发表了 4 篇研究论文，是他在瑞士专利局利用余暇写成的，发表在当时重要的物理刊物《物理学杂志》上。第一篇论文论证了光具有粒子性又具有波动性，并解释了当固体受光照射而发射电子这种先前令人困惑不解的光电效应。第二篇论文阐明了分子的本性，解释了悬浮微小粒子统计的"布朗运动"。第三篇和第四篇论文引进了狭义相对论，并且第一次表达了著名的方程 $E = mc^2$，这个公式尽管被广泛地引用，但很少为人所理解。

该方程表达了物质与能量的可转换性。它把能量守恒定律扩展为能量和质量的守恒定律，陈述了能量和质量既不能被创造又不能被消灭——虽然一种形式的能量或物质能够被转换成另一种形式。在方程中，E 代表能量，它与质量 m 相当。在理想情况下，能够从质量 m 中得到的总能量是 mc^2，这里 c 是光速，每秒 30 万公里。(光速总是用小写字母 c，而不用大写字母)。1 克质量完全转换成能量释放 $1\times(3\times10^{10})^2=9\times10^{20}$ 尔格，这一能量与大约 1 000 吨 TNT 爆炸所能产生的能量相当。因此，极小量的物质中包含着巨大的能源，只要我们设法了解如何取得这种能量就行了。核武器和核动力工厂就是地球上努力获取能量的普通样板，而这在道德上仍存在争议。爱因斯坦曾指出，这些能量存在于所有物质之中。热核武器——氢弹是一种令人恐怖的威慑工具，但它所提取的能量也不过是从质量为 m 的氢所含能量 mc^2 的 1%。

爱因斯坦 1905 年的 4 篇论文，是这位倾其一生从事研究的物理学家在其早期生涯中所取得的不可磨灭的成果，是一位年仅 26 岁，默默无闻地在瑞士专利局供职的年轻人利用业余时间在一年内获得的令人难忘的成果。连同 1915 年第一次表述的广义相对论一道，1905

年的几篇论文代表了爱因斯坦科学生涯的基本成果。许多科学史家把 1905 年称为奇迹年。与这种神奇相类似的，在物理学史上只出现过一次，这就是 1666 年。那年，24 岁的艾萨克 · 牛顿被迫在一个偏远的乡村（因为在城镇流行着淋巴腺鼠疫传染病）对太阳光分光谱的本质进行了说明，提出了微积分和万有引力理论。

在爱因斯坦以前，物理学家们普遍认为，存在着一些特殊的参考框架，即像绝对空间和绝对时间这样的东西。爱因斯坦的出发点是，所有的参考框架———一切观察者，不管他们的位置、速度或加速度——都将以同样的方式看待自然的基本定律。爱因斯坦关于参考框架的观点似乎很可能受到他对社会和政治态度的影响，也可能受到他对 19 世纪后期德国野蛮侵略主义抵制的影响。的确，从这种意义上说，相对性的观念已成为人类学的老生常谈，而社会科学家也已采纳了文化相对主义的观念：存在着许多不同的社会境遇和世界观，道德的和宗教的箴言由不同的人类社会表达出来，并且多数都比较有效。

狭义相对论开始并没有得到广泛接受。爱因斯坦一再力图跻身于学院生涯，他甘愿把他已经发表的相对论归属于伯尔尼大学来作为他的工作范本。他显然认识到这是一项重要的研究。但由于不被理解而遭到拒绝，因此直到 1909 年爱因斯坦依然留在专利局。不过，他发表的著作并非没有被注意，人们开始慢慢意识到欧洲有几位杰出的物理学家，而爱因斯坦也许是有史以来最伟大的科学家之一。诚然，对于他的相对论还有着激烈的争论。在一封推荐爱因斯坦到柏林大学工作的信中，一位身居领袖地位的德国科学家认为，相对论是一种标新立异的假设，是一种暂时性的荒唐事；但他又认为，虽然如此，爱因斯坦实际上还是一位第一流的思想家。

爱因斯坦的宗教观和政治观是相连的。他的双亲是犹太人，但他们并不遵守宗教仪礼。然而，爱因斯坦只是“遵循政府和学校这种传统的教育机器”，而例行宗教礼仪。在 12 岁那年，他突然中止了。“由于读完了通俗的科学书籍，我很快就相信，《圣经》里的许多故事不可能是真的。其结果就是一种真正狂热的自由思想，并且交织着这样一种印象：国家是故意用谎言来欺骗青年人的，这是一种令人目瞪口呆的印象。这种经验引起我对所有权威的怀疑，对任何社会环境里都会存在的信念抱一种怀疑态度，这种态度再也没有离开过我，即使到后来，由于更好地搞清楚因果关系，它已失去了原有的尖锐性之时也是如此”。

爱因斯坦自称是社会主义者，他确信，第一次世界大战主要是“统治阶级”的阴谋和无能的结果，这个结论与当代许多历史学家得出的结论一致。当别的德国科学家狂热支持他们民族的军国主义事业时，爱因斯坦则公开指责这场战争是“一种流行性传染病者的幻想”。只是因为他是瑞士公民，才没有被投入监狱。事实上他的朋友，英国哲学家伯特兰·罗素由于同样原因被逮捕了。爱因斯坦对战争的看法并没有增加他在德国的声望。

然而，战争却在使爱因斯坦的名字家喻户晓中间接地起了作用。在他的广义相对论中，爱因斯坦探讨了这样一个命题（它的简单性、优美和有力依然令人惊叹）：两物质之间的重力吸引是由这两物质使附近的普通欧几里得空间受扭或受弯而产生的。经受了检验并表明是准确的牛顿万有引力定律又以定量理论再现。但在第二位小数上，可以说，广义相对论的预见与牛顿理论有重要的不同。这是在古典的科学传统内，新理论保留下旧理论已确立的结果但作出了一套新的预言，这些预言允许在两种观点之间划出决定性的区别来。

爱因斯坦提出了广义相对论的三个检验涉及三方面的反常：水星的轨道运动、巨大星体发射的光谱线红移以及恒星光在太阳附近发生偏转。在1919年休战协定签字之前，英国远征队被派往巴西和西非大陆附近的普林西比岛，以观察日全蚀时恒星光是否按广义相对论预言而发生偏转。结果真的发生了偏转。爱因斯坦的观点被证明是有道理的。当两个国家还处在技术诉诸战争的时候，英国远征队验证了一位德国科学家的工作，表现出民众的善良天性。

但与此同时，在德国发起了一次有钱人反爱因斯坦的战役。含有反犹太人寓意的群众集会在柏林和其他地方一幕幕上演，公开指责相对论。爱因斯坦的同事们大为震惊，但他们中的大多数太胆怯而屈从于政治，因而没有奋起反抗。随着 20 年代和 30 年代前期纳粹的兴起，爱因斯坦一反他沉溺于宁静思索生活的天然爱好，不得不起来勇敢而经常地大声说话了。他在德国法庭上做证指出纳粹分子为了他们的政治观点而践踏学术信仰。他呼吁大赦德国和外国的政治犯（包括萨科和范齐蒂以及在美国的苏格兰"孩子们"）。当希特勒担任总理时，爱因斯坦和他的再婚妻子飞离了德国。

纳粹在公共场所焚烧了爱因斯坦的科学著作，以及其他反法西斯作家们著作书籍。对爱因斯坦的科学价值发起了一场全面的攻击。领导进攻的是诺贝尔奖获得者物理学家菲利普 · 莱纳德，他公开指责"爱因斯坦的数学上糟糕透顶的理论"和"科学上的亚洲人精神"。他接连不断地说："我们的元首已经在政治上和国民经济中剔除了这种亚洲人精神，众所周知那里是马克思主义。然而，在自然科学中，由于过分强调爱因斯坦，所以，这种精神还在左右着我们。我们必须认识到，在理智上成为犹太人的追随者对德国来说毫无价值。真正所谓的自然科学完全起源于白种人……希特勒万岁！”

许多纳粹学者参加了围攻爱因斯坦的“犹太人的”和“布尔什维克的”物理学。出乎意料的是，大约同时在苏联，著名的斯大林主义知识分子也公开把相对论斥之为“资产阶级物理学”。至于受攻击的理论的实质是否正确当然从来未加审慎地考虑过。

爱因斯坦虽然已与传统的宗教有了疏远的鸿沟，但他还是把自己看作犹太人，这完全是由于20年代德国反犹太人运动的增长所致。但根据他的传记作家弗兰克的看法，并不是所有支持犹太人复国运动的团体都欢迎他，因为他要求犹太人协助阿拉伯人作出努力并理解阿拉伯人的生活方式——对文化相对主义的热忱使包含着困难的感情问题变得更令人印象深刻。然而，他仍然支持犹太复国运动，尤其是在30年代，当欧洲的犹太复国运动的绝望情绪日益增长时，他继续支持这种复国运动。（1948年，爱因斯坦被提名为以色列的总统，但他婉言谢绝了。假如爱因斯坦当了以色列的总统，中东的政治将会与今日的情况有什么不同，想一想这一点倒是很有趣。）

在离开德国以后，爱因斯坦获悉，纳粹竟用 2 万马克买他的头。爱因斯坦为此而自嘲：“我却不知道我的头竟会这样值钱。”他接受了刚刚建立的新泽西州普林斯顿高级研究所的委任，此后他在那里度过余生。当问到他想要多少薪金时，他提出 3 000 美元。这时一种惊讶的神色掠过了研究所代表的面庞，爱因斯坦以为自己提得太多了，应该提得少一些。结果他的薪金是 16 000 美元，这在 30 年代是相当可观的。

爱因斯坦的声望很高，所以，其他移居美国的欧洲科学家很自然地在 1939 年提议由他给富兰克林 · D. 罗斯福总统写信，建议发展原子弹，以超过德国首先获取得核武器。尽管爱因斯坦当时并没有从事核物理学，而且对后来的曼哈顿计划也没有起作用，但他的这封信却导致了曼哈顿计划的建立。诚然，没有爱因斯坦的强烈要求，美国也很可能会发展原子弹。甚至没有 $E = mc^2$，由安东尼 · 贝克勒尔所发现的放射性以及由恩斯特 · 卢瑟福对原子弹的研究——这两者完全独立于爱因斯坦——也非常可能导致核武器的发展。爱因斯坦对纳粹德国的痛恨使他早已放弃了和平主义主张，尽管这种放弃使他相当痛苦。但当人们后来发现纳粹不可能发展核武器时，爱因斯坦懊悔地表示：“我要是知道德国人不会发展原子弹，我就不会为了发展原子弹做任何事了。”

1945 年，爱因斯坦力陈美国应与佛朗哥的西班牙绝交，因为佛朗哥在第二次世界大战中支持纳粹。当他注意到歇斯底里的潮流兴起时，他骤增了烦恼的情感，他看到了类似于 30 年代在德国出现的某种东西。他竭力为拒绝在非美活动委员会驻地前作证人辩护，他说，每个人都应该“准备下狱和经济破产……要为他国家的利益而牺牲个人的福利”。他认为，每个人都有拒绝与破坏公民合法权利合作的责任。这一点尤其适合于对涉及公民的私人生活和政治关系所作的一切审讯。爱因斯坦抱定这种态度，向新闻界发表了许多抨击性言论。参议院议员约瑟夫·麦卡锡在 1953 年说，提出这种主张的任何人,其“本人就是美国的敌人”。爱因斯坦晚年，在某些小组织内流行着这样的说法：爱因斯坦公认的科学天才与他支持解雇的“天真的”政治观点合而为一。但时代已经变了。我不知道，如果坚持下面这样一个不同的倾向来谈这个问题是否更不合乎情理，即在种种观念能够被定量且能极度精确地加以检验的物理学领域内，爱因斯坦的洞察力是无与伦比的，而且使我们深为惊奇的是，别人在混乱中迷失方向的地方，他竟然能看得如此清楚。那么我们是否可以说，在黑暗笼罩的政治领域中，他的洞见不也可能具有某种基本的正确性吗？

在普林斯顿的那些岁月里，爱因斯坦的热情始终留在他的精神生活中。他长期而艰苦地从事统一场论的工作，力图在同一个基础上把引力和电磁力结合起来，但是人们普遍地认为他的努力一直没有获得成功。他生前看到了他的广义相对论已成为理解大尺度宇宙结构及其演化的基本工具，并且已令人欣慰地证明了广义相对论在今日天文物理学中充满活力的应用。他从来不曾想到他会这样地令人敬慕，事实上，他抱怨他的同事和普林斯顿的研究生们不事先告知而不期然地造访他，以致搅乱了他的工作。

但是，他写道："我对社会正义和社会责任的炽热兴趣，同我与男人和女人直接接触的淡漠，显然地总是形成古怪的对照。我实在是一位孤独的旅客，我未曾全心全意地属于我的国家、我的朋友，甚至我的家庭；在所有这些关系面前，我总是感觉到有一定距离并且希望保持孤独，而且与年俱增。这种孤独有时不免有点难受，但我并不因为得不到别人的了解和同情而惋惜。诚然，我由此而失去了某些东西，但我同时也得到了补偿，因为我将不为别人的习惯、意见和偏见所左右，并且能够不受诱惑地把我的内心平衡建立在这样一些不可靠的基础之上。”

他一生的主要消遣是拉小提琴和乘帆船航行。爱因斯坦在某些方面看起来像是一个成年的孩童。他任其白发长得长长的，爱穿毛线衫与合身的皮茄克，配以领带，即使接待著名的来访者也是这样的穿戴。他完全不做虚假之态，也没有这种喜好。他解释说 :“我对任何人都用同样的态度说话，不论他是清道夫还是大学校长。”他经常接近民众，有时愿意帮助高中学生解几何题，而且并不总是成功。他发扬科学传统，向那些经受了严格标准的证据检验的新思想开放。他虚心地接受新思想，但却怀疑关于近代地球史中行星灾变说的主张，怀疑那些所谓超感官知觉的特异功能实验。他之所以怀疑后者，是出于这样的异议，即所宣称的心灵感应能力，应不随信息发送者和接收者之间的距离增加而减弱。

在宗教问题上，爱因斯坦比许多人想得更深，并且一再被人误解。在爱因斯坦第一次访问美国时，波士顿的天主教红衣主教奥康内尔警告说，相对论“隐匿着无神论的可怕幽灵”。这使得纽约的一位犹太教牧师深为惊恐，并电询爱因斯坦 :“你相信上帝吗？”爱因斯坦回电说 :“我相信斯宾诺莎的上帝，它显示出一切存在物的和谐一致，但我不信那关心人的命运和行动的上帝。”这是今日许多神学家所信仰的更微妙的宗教观。

爱因斯坦的宗教信仰是非常真诚的。在二三十年代，他极其怀疑量子力学的基本信条，在物质的最基础层次上，粒子的行为如海森堡测不准原理所表达的竟是不可预言的。爱因斯坦说："上帝不会与宇宙掷骰子。"在另一处他又断言："上帝是微妙的，但它并不心怀恶意"。事实上，爱因斯坦是如此地喜爱这些格言，以至丹麦物理学家尼尔斯·玻尔有时转向了他，并以某种激怒的口吻说："停止谈论做什么事的上帝吧！"但有许多物理学家认为，如果有人懂得上帝的意图的话，那么，他就是爱因斯坦。

狭义相对论的基础之一就是这样的箴言，即没有物质客体能够如光一样快地运动。这个光的障碍已经证明使许多人讨厌，这些人希望在人们最终所做的事上没有任何强制因素。但是，光的极限容许我们理解以前用简单而精致的方式所不能理解的世界上的许多事情。然而，在这里爱因斯坦去掉了这种方式，而给出了另一种方式。狭义相对论有若干推论似乎是违反直观的，与我们的日常经验相矛盾，但当运动速度接近光速时——在这种速度下常识已不再适用了，许多推论就以一种可探测的方式凸显出来了。这些推论之一就是，当我们充分接近光速运动时，时间就变慢了：我们的手表、我们的原子钟、我们的生物成熟过程，统统都变慢了。因此，以非常接近光速旅行的交通工具，能在任何两空间旅行——不管距离有多远；但在与之并行的太空船上而不是在发射的行星上测量时，旅行所花的时间却非常之短。所以，我们也许有一天旅行到银河系的中心，又以平行飞船上测量所得的几十天时间返航，但在返回到地球上测量时，逝去的时间将是 6 万年。这时看到我们出航时的朋友已大多死去，只有未来世界的人来欢庆我们的胜利返航了。对这种时间的滞缓现象，在电影《第三境界目睹记》中，有些模糊的描述，不过，它又信口开河地说什么，爱因斯坦可能是一位星外来客。是的，爱因斯坦的洞察力是非凡的，但他是一个真正的人，他的一生可为人师表。他的事例告诉我们，人类一旦有足够的天才和勇气，他们都能获得如爱因斯坦同样伟大的成就。

爱因斯坦晚年最后一次社会活动，是与罗素以及其他许多科学家和学者一道，力图制定一个禁止发展核武器的条约，但未能成功。他认为，核武器能改变一切，只可惜没有改变我们的思维方式。在世界分裂为敌对状态时，他把核武器看作是人类生存的最大威胁。“我们面临的抉择，”爱因斯坦说道，“或者是销毁核武器，或者是人类的普遍毁灭。……民族主义是一种幼稚病。它是人类的麻疹。……我们的教科书赞扬战争而掩饰它的恐怖。他们把仇恨深深地灌输到孩子们的血液里。我宁愿教人和平而不教人以战争。我将把爱而不是恨灌输给人们。”

爱因斯坦在逝世前9年，即他67岁那年这样描绘他毕生的探求：“站在彼岸的是一个巨大的世界，它离开我们人类而独立存在着，它像是一个永恒而猜不透的谜，但至少能部分地进入我们的视野和思想。这个世界向我们招着手，正谋求着解放……通向这座乐园的道路并不像通向宗教乐园的道路那样坦荡和诱人，但是，它已经证明了自己是可靠的，因此，我永不遗憾地选择了这条不平坦的道路。”

一位化学巨匠

具有创造性的化学家，往往被分子世界的问题、被好奇心驱使着。来自社会的物质支持是不可缺少的。为了那种支持，化学家在获取可靠的知识方面贡献自己的力量，偶尔还要解决些实际问题。因此，化学家希望不要有人打扰。谁会责怪他这样吗?

但事情并非如此。这个世界偏偏要刁难那些学者们的创造生涯，吞没许多人才。化学家不想让这个世界打扰他，但这个世界仍以它独特的方式干涉他，不论是他生命的初期、中期或者晚期。就我所知，这种情况发生在一位杰出的化学家身上，而且更富戏剧性。恐怕还只有这位化学家才有此种厄运。他就是弗立茨·哈伯。

1868 年，哈伯生于德国的西里西亚。他是一位有名望的德国犹太商人之子。早年，他转向信仰基督教。这是 19 世纪初期，在欧洲出现的一种典型的同化犹太人的浪潮。到哈伯时代，在学术界取得较高地位不一定要改变信仰。比如，20 世纪著名有机化学家维尔斯塔特就认为，没有必要改变信仰，爱因斯坦也不同意这样做。可是哈伯却改变了信仰。他一生都生活在犹太人及其后裔的包围之中，直到他的晚年，他的信仰再没有变回来。

哈伯早年生活的特点之一，是与他父亲的矛盾。他母亲在他出生后几天就过世了。有趣的是，他与父亲对合成颜料在商业上的作用观点相左，这种颜料后期发展成为德国精细化工业。

哈伯对早期商业方向的种种不满，也许正是他生活后期显示出来的独一无二的天赋，他把纯科学和应用科学结合为一体。后来他的一个学生对他作过这样的描述：

由于他对各学科不存在任何偏见，他确信他的工作与技术和纯科学之间有着密切的关系。正因为如此，他形成了一套自己的科学个性，即认为：科学进步和现实生活间有着不可分割的相互关系。

哈伯没有名师指教。他科学生涯之初，也无显赫之功，比如像发明一种合成方法或著名的自然定律等。相反，他的成功，全是靠自己对有机化学和物理化学各种不同问题进行的广泛研究取得的。哈伯的一生，有着巨大而非凡的工作能力和吸取新鲜事物的能力。弗立茨·斯特恩，一位在历史和知识领域极具创见性的德国观察家，给出了如下的描述：

从儿童时期起，哈伯就生活在一个戏剧性的时代。他成长的年代，正是德国统一后的崛起之时。从而这个日耳曼帝国便插上了军国独裁主义的翅膀，甚至俾斯麦也为之感到遗憾……在这个国家与年轻哈伯的发展之间画上一根很近的平行线可能是愚蠢的，但两者的成功与众多德国人想回避的自卑感之间，却不是毫不相干的。多少德国人对他们无休止的劳役抱有极大的不满啊！

哈伯的最大成就是氨的合成。这个过程的实现，靠的是对化学平衡进行约束的知识。更有趣的是，物理化学是他自学的。他最终的成就更多地归功于他的决心与顽强。

在合成氨故事的开头，曾有过失败。在故事的中间，发生过科学争论，争论双方对哈伯都是鞭策。

有许多人从事合成氨的研究。1904 年，两位威尼斯企业家——马古力斯兄弟向哈伯建议从元素出发制造氨。哈伯和他的学生试验了几种金属，希望能把 N_2 转化为金属氮化物，后者继续与 H_2 反应从而生成氨。但反应温度太高，结果只有很少的氨生成。赞助者的资助中断了，这个项目眼看就要泡汤。

失败的阴影笼罩在人们的心头。更糟糕的是，德国的热力学权威能斯特向哈伯提出了他的氨平衡数据问题。问题的要点是 N_2，H_2 和 NH_3 在平衡中的真正比例。能斯特也做氨合成的研究，但是在高压之下进行。对实现高效合成 NH_3 的必要条件而言，能斯特的理论知识不亚于哈伯。能斯特得到了化学反应 $N_2+3\ H_2 \rightleftharpoons 2\ NH_3$ 的平衡常数。这个常数表明，在平衡时存在的氨量，比哈伯测到的要少，少到在工业上生产 NH_3 这种产品是不可能的。

哈伯和能斯特从前就有过分歧，现在又一次对立。他在高压下做了能斯特的实验。他仔细地重复了他的实验，结论证明能斯特是错误的。

更重要的是，这场争论把哈伯的精力集中于压力的作用之上。请回忆一下，在平衡时，氨的一侧是 2 个分子，而不像在氮和氢一侧有 4 个分子。所以，增加压力有助于分子数目少、体积也小的一侧。这是生产多量氨的一个方法，但压力的增加受反应器（玻璃和金属材料）耐压程度的制约。哈伯和他的合作者，包括熟练的金工弗立得利希·克希包尔，共同研制的容器可以加到所需压力。另外又使用了锇和铀做催化剂，反应可以在低温下进行。这里虽然用了铀，却和它的放射性毫无关系。

为工业反应进行实验室研究，可能从来没有像研究学术问题那样透彻。哈伯的结局是幸运的，这归功于那位在巴夫斯化学公司工作的天才人物卡尔·波什。巴夫斯化学公司在那时，乃至今日，都是世界上著名大化学企业之一。波什开发出一种低廉的催化剂，并把合成氨转化为高效的工业过程——哈伯·波什过程。经过不断完善，如今每年为人类提供 3.45×10^{10} 磅的合成氨。

毫无疑问，哈伯的成就无论过去还是现在，都是对人类的重大贡献。氨生产做化肥，也是其他化学物品的最基本原料。20 世纪出现了惊人的人口爆炸。被化学所强化的农业，卓有成效地为额外的人口提供了足够的食品。说足够，是指平均而言。自 1800 年以来，美国玉米每亩产量增加了 5 倍。尽管有人强调“有机的”农业，可是，合成肥料，特别是哈伯的发明，使数百万人免于饥饿。

哈伯·波什过程的出现对德国来说十分及时。1914

年，第一次世界大战爆发，通往南美肥料资源的德国补给线被切断了，大多数军需品，从TNT炸药（三硝基甲苯）到硝酸铵（是肥料，也是炸药，1993年纽约世界贸易中心爆炸事件使用的就是这种炸药），都含有很高比例的氮。当然还有别的含氮化合物来源，如煤的干馏和氰胺过程。可以这样说，哈伯的发现是关键的。因为氮来自空气,而“用空气做面包”是战争的一个重要战略。

战争期间，哈伯把他研究院里的精英以及他个人的精力全部投入“化学”武器的研制。把化学加上引号是想说明这样的化学是多么荒谬！仿佛弹药、各种金属和炸药就不是化学了。海牙国际法庭判定毒物和毒物武器为非法。战前曾对冲突双方的活动有过某种限制。可是，曾写过第一次世界大战化学武器防卫研究的L.F.哈伯（哈伯的儿子）却这样说：

关于瓦斯和烟雾，人们谈论最多的是战争前夕，对化学品在军事上应用的了解已经到了这样一种程度，以致某些士兵也动起了化学品的脑筋，而且具有冒险性的少数人甚至做起了各种化合物的试验。除了光气以外，其余那些物质都是没有毒性的。在法国人手中，只有有限的催泪手榴弹和子弹，为了安全，储备瓦斯或瓦斯弹的数量也不多。事情的起因是科学上的好奇心，所以

1914 年 8 月的各参战国，还没有想到如何在战争中使用化学武器。

几个参战国很快获悉了化学武器的作用。哈伯的贡献是毒气云的想法，接着他选择了氯气和其他的化学药物。德国高级指挥官发现，哈伯“是位具有军事头脑和非凡能力的创造者，果断，也许不择手段”。为了使毒气的应用合法，使用的决定权留给了高级军事指挥官。

下面是一段人类首次使用毒气武器的记述，它发生在 1915 年 4 月 22 日下午，在耶普列斯：

可释放出 150 吨氯的 6000 个圆桶，分布在 7000 米长的距离上，在 10 分钟内同时被打开。这真是一个令人震惊的场面。这儿离前线很近，最近处只有 50 米。毒气缓慢上升，向前，每秒走 0.5 米。开始它是白色的，由于周围空气中水汽的凝聚，随着体积的增加，毒气变成了黄绿色。由于地面温度的作用，氯气很快升到 10—30 米的高度。氯气变稀薄，扩散减慢，对人的生理和心理袭击增强了。几分钟内，在前线和增援的法国到阿尔及尔的士兵就被卷入了毒云的漩涡并窒息。没有被毒气熏倒的士兵纷纷逃离，但毒气追赶他们。敌人全线崩溃了。

像其他战争一样，这场战争已经以各种手段杀害了许多人。但这次是一种新的杀人方法，这种方法并不是只被德国人使用的，因为，不仅德国人懂化学，不仅德国才有聪明的人和制造毒气的工业。德国的对手也广泛地使用氯、光气、芥子气（糜烂性毒气）和三氯硝基甲烷。毒气不仅能杀死人，也使许多士兵受了伤，有一些伤势还很重。L.F. 哈伯估计，死亡人数占毒气伤害总数的6.6%。

然而，毒气的拥护者会问："还有什么更好的死亡方法吗？毒气比榴霰弹更糟吗？"在受伤者的调查中找到了答案，人的心灵、生命攸关的呼吸系统受到了严重的摧残。这是威尔夫瑞·欧文的诗《天国在东方》的片段：

瓦斯！瓦斯！快，快，我的孩子！
摸索着戴上那沉重的面具；
人们在号叫，在地上滚爬，像大火烧身，
摇晃着、穿过朦胧，穿过阴森的绿光，
就像坠入大海。
我像在梦中，无奈地看着，他扑向我，瘫在地上，拼命喘息。
这是一场令人窒息的梦，如果你还能走动，
你会看到他翻着白眼正在抽搐，
他吊起的脸，像忏悔的恶魔，

你要是能听，随着一次次的扑动，污血从下涌上他的喉咙，污臭，恶腐，

惨不忍睹，极度的悲痛。

我的朋友，再不要让那些天真无邪的孩子听到这骇人听闻的故事。

还是那个古老的谎言：

天国在东方，那是你眷恋的故乡。

所有战斗人员中，毒气致死者的比例相对还是低的。L.F.哈伯的估计是3%到5%。风、雨、温度等天气因素影响化学武器在战争中使用的效果。但是，应用这种武器留下的心理伤害却是永远洗不掉的。

哈伯对催化很有经验。不知道他是否想到过，把毒气当作催化剂，或者把他自己作为催化剂，以尽快终止壕沟战事的流血。事与愿违，德国输掉了这场战争。还有一位殉葬者，哈伯的妻子。她本人也是化学家，她希望丈夫放弃化学武器的研制。哈伯不听。我们并不了解事情的详细原因，但她自杀了。

战后，德国要支付330亿美元的战争赔款，其中大部分要以黄金实现。哈伯曾因氨的合成获得1918年的诺贝尔奖，现在成了德国化学界的领袖，他把眼光投向从海水里提取黄金。他估算，整个战争赔款相当

于5万吨黄金。据一位澳大利亚化学家估计，每吨海水含30—65毫克黄金。这相当于海洋中有750—1 000亿吨的黄金，仅北海的黄金就足以解决战争赔款问题。

哈伯对“合成的海水”进行了一系列的实验。他用醋酸铅和硫化氨沉淀海水中的金离子。他得出结论说，即使每吨海水含5毫克黄金，从海水分离出黄金也划得来。于是他开始验证以前人们对海水含金量的估算。他甚至在汉堡——美洲的定期货船上秘密地安装了一个实验室和提取黄金的工厂。

哈伯现在做起了分析工作。这一点在艺术和科学的关系论述中已经讨论过。这里有一份关于事情经过的报告：

渐渐地产生了问题。哈伯游遍了大西洋、冰岛、格陵兰岛水域及北海。他发现，不同地区金含量变化很大。比如，同样体积的海水，在大西洋北部的含金量是大西洋南部的10倍。他从加利福尼亚金场附近海水采集了100个海水样品，发现潮汐的变化对黄金含量也有很大影响。此外，由于测量方法不对，测到的金不是海水中的金，而是化学试剂中和器皿中含的金。哈伯认为，那位澳大利亚学者的估算是错的。有两点与他有分歧：①不论哪儿的海水，金都不超过0.001毫克/米^3；

②金与某些悬浮物共存，而不是在溶液中。

我们在这里又遇到了化学特有的另一种矛盾：怀疑与信任。哈伯相信了那位澳大利亚学者利夫西治早期的分析，也相信了爱德华·桑斯塔的分析。桑斯塔也是活跃在这一领域的化学家。他在论文篇中介绍道：

哈伯把他的批评分成两部分：桑斯塔，毫无疑问，是被化学试剂的污染欺骗了。1892 年，他在论文中似乎承认了这一点。而利夫西治，则在技术上有失误。他使用的方法要求提取程序有极高的灵敏度。真使人感到可悲，依照哈伯的话说，“这些倒霉的事情让利夫西治冷静了”。利夫西治用了粗糙的步骤得到了不准确的结果。

这位现代炼丹家哈伯失望了。

1933 年年初，希特勒和德国纳粹登台伊始，就对犹太人设下了罗网。那年 4 月，他们下令，清洗在政府部门任职的犹太人。哈伯的世界毁灭了。其实他不是一个真正的犹太人，但是现在他成了犹太人。哈伯曾代表着德国犹太人的一个极端——不仅溶入了德国的文化，而且还极端爱国。爱因斯坦则代表着另一极端——虽然是德国人，却怀疑自己的国家。哈伯的精神非常沮丧，他被这一连串的事件击垮了。弗立茨·斯特恩作了这样的描述：

同事们的沉默，上层人物的背叛，对他具有毁灭性的打击。爱因斯坦自流放地给哈伯写了一封对他命运充满同情的信："我能想象得出你内心的矛盾。这就像一个人必须放弃他为之奋斗一生的理论。这对我就不同了，因为至少我不相信它。"这个理论就是相信德国是天经地义的，相信未来，相信在那里犹太人和基督徒可以共同生活和工作。

哈伯本可以继续担任他的职务，因为当时的法律并不要求解雇参加战争的老兵。可是，他不得不去解雇他的一位犹太人同事。为此，他自己辞职了。这是他 1933 年 4 月 30 日写给纳粹科学、文化和教育部长的辞职信：

部长先生，您及您领导的部倡导的这一伟大运动，与本人生活至今所具备的研究传统反差太大，因此我决定要求退休。我的实验室，我的传统，要求我在挑选同事时，只考虑申请人的职业和资历，而不涉及其种族背景。我已年近 65 岁高龄。您不能指望他，改变指导了他 39 年大学生的思想方法。您会明白，他为他能效忠于德意志祖国而自豪，我该退休了。

部长说，解除他的职务也好。于是，这位曾被誉为德国英雄，被威廉二世亲自接见并提拔为物理化学和电化学研究所所长的诺贝尔奖获得者像一个一钱不值的虫蚁一样被一脚踢开了。他当时已 65 岁，身体很不好，这一打击立即让他的神经处于崩溃的边缘。

普朗克正在意大利度假，他从迈特纳（著名的犹太女物理学家，是当时威廉皇帝化学研究所物理部主任）写给他的信中得知此事，立即赶回柏林，并请求希特勒接见。希特勒接见了普朗克，但普朗克刚说了几句话，希特勒马上打断了他的话，自己激动地说了起来，不一会几乎是喊叫起来。希特勒咒骂了犹太人之后，又特别辱骂了犹太学者。普朗克连一句话也插不进去，只好主动告退，从此放弃了通过他本人的影响来拯救他人的一切指望。

1933 年夏天，本想留在德国的哈伯，由于受到众多犹太同事的冷眼，决心离开德国，可怜兮兮地来到英国剑桥。玻恩这时也在剑桥，见生病的哈伯形销骨立，孤寂无助，就想帮他与英国科学家接触。但当玻恩邀请卢瑟福到他家喝茶并与哈伯见面时，一贯富有同情心的卢瑟福却拒绝了这次见面，并坦率地说："我不想与毒气战的发明者握手。"

看来，在英国待不下去了。1934年年初，哈伯应邀到巴勒斯坦的西夫物理化学研究所任所长。但不幸在途中因心脏病突发去世。他去世的地点离他的祖国很近，但精神非常遥远。

不到10年之后，化学工业的另一种产品，另一种毒气，在纳粹集中营又屠杀了600万哈伯同胞！

合与分：爱因斯坦与哈伯

1929年3月，正值爱因斯坦50岁生日之际，哈伯致信爱因斯坦：

在所有我经历的伟大事物中，唯有你的生命和成就对我的触动最深。在未来的几个世纪里，普通人将把我们的时代当成世界大战的时代；受过教育的人将把20世纪最初25年同你的名字联系在一起……我殷切地恳请你照顾好自己，这样你就会保持健康，这样我就可以继续和你嘲笑（别人）、一起喝咖啡并使自己沉湎于这种闲适的虚荣，因为这样我就更能把自己算作与你亲密地生活在一个圈子里的人。[①]

① 这封信写于1929年3月14日，保存于普林斯顿高等研究院爱因斯坦档案馆。爱因斯坦档案后来被转移到位于耶路撒冷的希伯来大学。

哈伯当时已是一位卓越的化学家，比爱因斯坦年长11岁，当时在科学界以才华横溢的、卓越的科学组织者和推动者而著称。这封充满了溢美之辞的信，首先说明了爱因斯坦在世界和在哈伯心中的位置，同时也说明了哈伯已经摆脱了学术上的狭隘，并珍视人与人之间的友谊了。在爱因斯坦刚到柏林时，哈伯还努力促成爱因斯坦的工作任命。在1920年哈伯研究所的一张照片中，弗兰克、迈特纳和哈恩坐着，其他人站着，而爱因斯坦和哈伯则分别高坐在沙发椅的两个扶手上，足见两人当时在德国科学界显赫的位置。爱因斯坦是一位孤独的大师，哈伯则是一位集体伟大成就的引领者。两人相互支持，志同道合。但爱因斯坦非常反感哈伯强烈的虚荣心和粗俗的个人言行。

1914年春，爱因斯坦的妻子米列娃和两个儿子来到柏林，有一段时间住在哈伯家。哈伯知道爱因斯坦那长期充满冲突的婚姻快结束了，但由于爱因斯坦舍不得两个孩子，一时下不了离婚的决定。7月份时，爱因斯坦夫妇终于下决心分手了，哈伯帮忙草拟了一个协议，爱因斯坦付给米列娃5600马克[①]作为赔偿。7月 29日，米

① 当时一个普通工人的月平均工资是1 450马克，一名高级公务员的月平均工资大约7 000马克。协议还将爱因斯坦有望在未来得到的一个诺贝尔奖的全部奖金送给米列娃。可见，爱因斯坦是一个负责任的人。

列娃带着两个孩子离开柏林，爱因斯坦和哈伯到火车站送行，因为失去孩子，爱因斯坦泣不成声。哈伯陪心烦意乱的爱因斯坦度过了 3 个夜晚，爱因斯坦得到了安慰。

哈伯是最先知道爱因斯坦爱上他表姐埃尔莎的人之一。就在米列娃离开的那一天，爱因斯坦写信给已离婚的埃尔莎，说哈伯也认为她是他所需要的妻子。为了避免流言蜚语，爱因斯坦希望哈伯为他严守秘密，将他和米列娃分居的事只告诉普朗克和少数几个朋友，他担心惹来另一场麻烦，也担心儿子们会反对他再婚。1918 年年中，离婚程序在苏黎世启动，爱因斯坦将他的不忠行为告诉了米列娃。1919 年 2 月，二人获得了法律上的离婚许可。同年 6 月，爱因斯坦和埃尔莎结婚。差不多正好在一年前，爱因斯坦曾向埃尔莎 20 岁的女儿表达过自己的爱慕之情。但是究竟同埃尔莎结婚还是同其女结婚，让他很为难，因为他还想要一个孩子。最后，他将决定权交给了这母女俩。

爱因斯坦早年是一个书呆子，但他对爱情却一直非常渴望。米列娃比他大 3 岁，当他和米列娃开始正式谈恋爱时，母亲闻讯后泪水夺眶而出，她警告爱因斯坦，说米列娃只是另一个书呆子，而不像一位妻子，而且会毁掉他的前程。爱因斯坦非常固执，他写信给米列娃：“如果我没有你，我真觉得自己是不完整的。当我坐下的时候，我想走路；当我走路的时候，我希望在家；当我谈话的时候，我想学习；当我学习的时候，我不能安静地坐下来，而且也不能集中注意力；当我睡觉的时候，我对自己度过一天的方式很不满意。”[①]父母坚决反对爱因斯坦的婚事，但爱因斯坦的固执最终战胜了父母。但时常的分离让爱因斯坦痛苦万分，他对米列娃说：“任何体会过自由的人都再也无法忍受锁链的束缚……除了你，跟任何人在一起都觉得寂寞。”[②]

哈伯在自己的两次婚姻中也遭受了痛苦和失败，再加上 10 年来他一直是爱因斯坦和米列娃之间的调停人，这使他和爱因斯坦的关系更密切了。正是哈伯让爱因斯坦得以保持了那种孩童般的离群索居的个性。1915 年，爱因斯坦在给一位瑞士朋友的信中写道：“在一个像这样的时候，人们会认为这个世界真正值得热情对待的，是优秀的、自由的人们之间的友谊。”当然，在与性格多变、具有忧郁气质和精神高昂的爱因斯坦相处时，哈伯也获得了快乐。他们在搞笑和嘲讽世事上都具有非凡的天赋，哈伯偶尔会显得消沉，爱因斯坦则常常表现出一针见血的机智。爱因斯坦最喜欢的作家是海涅，哈伯

---

① 《爱因斯坦致米列娃》，1900 年 8 月 6 日，收入《爱因斯坦文集》第三卷，商务印书馆，1979 年，第 252 页。

② 《爱因斯坦致米列娃》，1901 年 3 月 27 日和 8–9 月间，收入《爱因斯坦文集》第三卷，商务印书馆，1979 年，第 257 页、第 282 页。

最喜欢的作家则是英雄崇拜主义的信徒卡莱尔[①]，而且哈伯喜欢纪律和头衔，他最为钦佩和有意追求的品质之一则是领导才能。他和爱因斯坦的共同点是：都珍视科学精神，都雄心勃勃并自学成才，对专业都一丝不苟，早年都惨遭失败，而且都耐得住寂寞和敢于牺牲并忍受折磨，同时创造力都很旺盛。在他们两人的情形中，个人的责任和长期超负荷的工作给他们的健康敲响了警钟。同时，这也给予他们以自我为本位找到了一个借口。许多著名科学家的妻子在公共场合受人羡慕，但在个人生活方面却不得不忍受丈夫的疏远和忽视。哈伯的妻子是一位化学博士，她和哈伯婚姻中最大的问题就是令人窒息的沉闷，因为哈伯虽然在外边光芒四射，但一回到家便疲惫不堪，这种强烈的反差深深地伤害了这个充满活力的女人，于是她变得神经极度敏感而易怒，再加上哈伯长年没有休假，这使她感受到巨大的精神压力。这也许是她后来自杀的重要原因之一。

哈伯和爱因斯坦都看见了科学中伟大的超验的体验，他们都对自然中不可言说的神秘感充满敬畏，他们把科学理解为特定教徒在一种才建立不久的信仰中的天职。1918 年 4 月，爱因斯坦在普朗克 60 岁生日的演讲中说，引领人们走向科学和艺术最强烈的动机“是要逃

① 卡莱尔（1795—1881），苏格兰裔著名随笔作家、历史学家，犹太人。

避日常生活中令人厌恶的粗俗和使人绝望的空虚，是要摆脱人们永远变化不定的欲望的桎梏”。而日常生活中“令人厌恶的粗俗”，主要是充满敌意和卑鄙的同事，以及传统中所带有的反犹主义。但是，哈伯与爱因斯坦在对犹太身份的认同上却有不同的看法。他们的分歧正好体现了当时德国犹太人的广泛差异性，而他们的友谊则暗示了犹太人之间保有的团结。当时许多犹太人出于投机的需要，不得不皈依基督教。

哈伯的母亲在他出生数周后便去世了，9 年后他有了一个继母。他的沉默寡言以及忧郁的精神气质，可能与他童年时缺少母爱有关。他的父亲对年轻的妻子和 3 个女儿十分宠爱，但对哈伯却十分严厉。在他学生时代，一次因彻夜狂欢豪饮很晚才回家，因此错过了第二天的早餐，生气的父亲带着 3 个女儿进入了哈伯的房间，指着熟睡的哈伯说道：“看好了，这就是一个酒鬼一生的开始。”[①]

哈伯在取得他的博士学位和服完兵役后，在商业界作了短暂的停留，最后走向了学术生涯。但刚开始很不顺利。马克斯 · 韦伯说：“如果他是一个犹太人，人们自然会对他放弃所有希望。但是人们会问每一个其他人：

---

① 〔美〕弗里茨·斯特恩：《爱因斯坦恩怨史——德国科学家的兴衰》，上海：上海科技教育出版社，2004 年，第 66 页。

你真的发自内心地认为，你能够年复一年地看着一个个平庸之辈爬到你前面，而不感到任何怨恨和悲痛吗？”哈伯在遭到一次次冷遇后悲痛万分，于是决定改宗受洗，皈依基督教。皈依通常是信仰和投机的混合物，加强了德国犹太人生活的模糊性和矛盾性。改信新教的犹太人要面对双向的煎熬：新教徒的质疑和正宗犹太人的鄙视 。[①]显然哈伯身上又体现了另外一个事实:和其他皈依者一样，他保留了犹太人在历史上的孤独意识，他对犹太人遭受的集体苦难和取得的伟大成就经常持有一种悲情的骄傲。因为他的朋友大部分是犹太人或具有犹太血统的人。

哈伯的皈依使他和父亲之间的矛盾更加尖锐，尽管他的父亲也算不得正规的犹太教徒，但始终没有迈出这一步，他几个最好的朋友也没有改宗。尽管爱因斯坦也算不得一个纯粹的犹太人，他的行为只不过是一种对犹太教的反叛，但他不主张受洗，他和哈伯的裂缝从此开始。但导致他们彻底决裂的事件，主要是哈伯将自己无穷的智慧和能量投身于对德国战争的服务之中，而爱因斯坦是一个坚定的和平主义者和人道主义者。

---

① 尤其是基督教徒更加怀疑。在莎士比亚的《威尼斯商人》第三幕第五场中，新改宗的杰西卡将别人对她说的话重述给她的丈夫：“你不是国家的好公民，由犹太人变成了基督徒，提高了猪肉的价钱。”

然而，他们的私交却一直甚笃：在 1915 年的头几个月里，爱因斯坦一直给哈伯因病不能上学的 13 岁的儿子上“数学课”，多好的老师啊！

哈伯后来的命运，其实是德国所有犹太知识分子的命运，包括海涅在内，概莫能外。

三、三位化学巨匠：莫瓦桑、普利高津与柯恩

20 世纪的化学，在生物化学、结构化学、有机化学、物理化学和无机化学方面都有重大突破。在犹太人获诺贝尔奖的化学家中，除了“合成氨之父”哈伯外，为法国赢得第一个诺贝尔化学奖的莫瓦桑、比利时的普利高津以及美国科学家柯恩，也是 3 位化学巨匠，值得认识一下。

治学严谨的莫瓦桑[①]

1867 年深秋的一天，巴黎自然历史科学院的讲堂里，正襟危坐的院士们正聚精会神地聆听着一位高贵学者的讲座。突然，这位院士中断了他的讲话，指着门外破口大骂：“滚开，别站在这里影响我的思路。”原来是一个十来岁的孩子正站在门口偷偷旁听，他被骂得流着眼泪走下台阶。著名化学家克拉德维尔院士追了出去，轻轻拍着孩子的肩膀，亲切地说：“好孩子，别介意。那不

① 诺贝尔奖金获得者传编委会编：《诺贝尔奖金获得者传》，长沙：湖南科技出版社，1983 年。

是你喜欢学的，还是到化验室里去等我吧。”这个孩子就是莫瓦桑。

1852 年 9 月 28 日，莫瓦桑出生于巴黎一个贫穷的犹太人家庭。他父亲是个地位卑微的铁路职工，但像其他犹太人一样，他父亲对下一代的教育非常重视。从少年时代开始，莫瓦桑便有强烈的求知欲望，常常站在教室门口偷听一些科学家的讲座。由于家境贫寒，他中学毕业后未能继续升学，只好半工半读，并进入了化学家圣克拉德维尔和德勃雷的实验室做学徒。每当专家做完实验后，他总是将实验室收拾得干干净净，将化学药品排列得整整齐齐。他写的实验记录一丝不苟，从无遗漏，因此深受两位导师器重，学业长进很快。后来于 1880 年获得了巴黎大学理学博士学位。

27 岁那年，莫瓦桑在导师的推荐下，进入巴黎农艺研究院。开始醉心于植物生理学的研究，之后转向研究无机化学，并在铁类金属的氧化方面做出了卓有成效的贡献。后来，各大学纷纷聘请莫瓦桑任教，但都被他拒绝了，当时他正在专心致力于氟的研究。

由于氟元素腐蚀性极强，而且一遇到潮湿的空气便立即起反应，因此研究工作很危险。先后有多名科学家研究失败，爱尔兰科学家诺克斯则因此中毒身亡。因此，氟被人们送了一个恐怖的名称——死亡元素。探求一切未知的现象是科学家的神圣职责，莫瓦桑决心要揭开“死亡元素”的秘密。他认真总结了前人的经验教训，继续对三氟化磷和三氟化砷进行电解。其间，他因实验室工作条件极差，曾4次中毒而中断了实验。1886年，他出任巴黎药物学院毒物学教授，又继续实验。他将干燥的氢氟化钾溶于无水的氢氟酸中，用此作为电解质，用铂铱合金做电极，经过多次试验，历时两年多，终于在阳极收集到了单质氟，他的成就轰动了整个化学界。当时他年仅34岁。

1892年，莫瓦桑发明了高温电气弧光炉，又一次轰动了化学界。它可以熔化过去一直被人们认为不能熔化的物体，如碳、硅、硼等类化合物，为化学研究的深入发展铺平了道路。

1894年，莫瓦桑又发明了“人造钻石”，再次引起了世界巨大轰动，世界钻石价格一落千丈。一时间，许多英国钻石巨商纷纷前来收购他的人造钻石法，莫瓦桑却不为所动。

1900年，莫瓦桑出任巴黎科学院教授，并开始著书立说。他在课堂上讲课由浅入深，娓娓动听，但对学生要求却非常严格。潦草的卷子他不看，学生们在实验室的地板上，粗心滴落一两滴水，或把化学器材、药品胡乱放置，准会被他当众予以批评。他的座右铭是：做学问有条有理不厌其烦，做实验一干二净马虎不得！他在化验室对新来的学生总是谆谆教诲："诸位，我是做化验室学徒出身的。现在你们来做我的学徒，那么就先学我的样子。"因此，新生上他的课，头一个月总是什么也不做，只静静地观察和思考。

1907年2月20日，莫瓦桑从瑞典参加完诺贝尔奖颁奖仪式后不久，突然在巴黎病逝，年仅55岁。这正应了他的一句口头禅："研究氟使我的寿命至少缩短10年。"

"布鲁塞尔学派"的旗手：普利高津[①]

在20多位犹太裔诺贝尔化学奖得主中，比利时的普利高津也是值得大书一笔的化学巨匠。在20世纪最关紧要的科学观念——时间发生重大改变时，普利高津扯起了"布鲁塞尔学派"的大旗，宣称他们对时间做出了"再发现"，从而为混沌、自组织……一系列重大困难带来了生机。他的"耗散结构"理论，不仅为化学和生物学带来了全新的观念，也为社会科学带来无限生机。正如著名未来学家阿尔温·托夫勒在《从混沌到有序》一书的前言中所写："普利高津的范式之所以令人感兴

① 本文参考了杨建邺：《火星来客？——诺贝尔奖与犹太人》，武汉出版社，2002年。

趣，就在于他把注意力转向了现实世界的那些方面：无序、不稳定性、多样性、不平衡和非线性关系，以及暂时性——对时间流的高度敏感性。这些方面描绘出今天加速了的社会变化。普利高津和他的‘布鲁塞尔学派’同事们的工作，可能很好地代表了下一次的科学革命，因此，他们的工作不仅与自然，而且与社会本身开始了新的对话。”

伊里亚·普利高津 1917 年 2 月 25 日生于莫斯科。9 个月以后，俄罗斯爆发了“十月革命”。普利高津的父亲是一位犹太人化学师，由于俄罗斯和东欧当时都有强烈的反犹主义倾向，他们于 1921 年移居德国，8 年后又移居比利时。普利高津的中学和大学生活，都是在布鲁塞尔度过的，比利时和荷兰当时对犹太人比较宽松。普利高津从小就酷爱音乐和哲学，阅读柏格森[①]的《创造进化论》使他受益匪浅，他最喜欢柏格森的一句话是：“我们越是深入地分析时间的自然性质，我们就越懂得时间的延续就意味着发明，就意味着新形式的创造，就意味着一切新鲜事物连续不断地产生。”正是受到了柏格森的启发，在 1986 年 7 月的一次演讲时，他以“时间的再发现”为题，一开头就说道：“我报告的题目，可能

① 柏格森（1859—1941），著名文学家、哲学家，1927 年诺贝尔文学奖得主，犹太人。

会引起大家的惊奇，因为大多数人认为时间早已被发现了。”

的确，人们通过爱因斯坦的相对论，好不容易明白了时间的膨胀、时空弯曲以及时间度规必然依赖自然界的物理过程等等这些石破天惊的新概念时，普利高津又来一个“时间的再发现”，这怎么不让人惊讶呢？普利高津解释他所谓的“再发现”为：“实际上对时间这个概念的理解，人们在最近 10 年或 20 年中已经有了重大的变化，完全可以说时间是又一次被发现了……我们已开始破译著名的热力学第二定律所传达出来的深刻的信息，无处不在的，或称万有时间箭头，即时间对称破缺，正是第二定律的核心，正是从这里再度发现时间。”

原来，无论是牛顿的经典力学，还是爱因斯坦的相对论力学，以及量子学，都认为时间是精确对称的，即把（$-t$）代替力学方程中的（t），不会引起结果的任何变化，这种现象被称为“时间是对称的”，或“时间是可逆的”。说通俗一点就是时间没有方向性，或者说时间没有箭头。但我们的日常生活给我们的启示，却明白地告诉我们时间是不对称的，是不可逆的，即时间是有箭头的。例如，我们可以记忆过去，却不能记忆未来；再例如，每个人都日渐衰老，人类生存环境日益恶化等。这些都告诉我们时间是向着一定方向流动的。我们常常说“日月如梭，光阴似箭”“天地者，万物之逆旅；光阴者，百代之过客”，这都是时间不可逆，有箭头的生动描述。

但直到20世纪60年代，物理学家仍然只关注“存在的物理学”，而不重视“演化的物理学”。在物理学史上，只有玻尔兹曼试图建立“物理进化论”，但中途受阻，大业未成却命归黄泉。普利高津正是在这受阻处继续对时间进行探索，并终于让人们信服非平衡态不仅是宏观世界的有序之源，而且是唯一的宏观有序之源。1967年，普利高津把那些在非平衡条件下通过能量耗散过程，产生和维持时空有序的结构，称为“耗散结构”。

此后，人们对不可逆过程，以及有序、无序问题有了深刻认识和重大突破：“不可逆过程”在“有序”形成的过程中（如人由无序的分子组建成一个高度有序的人），起了积极而关键的作用，而不再像以前那样，把不可逆过程仅仅看作是一个破坏、有害的东西。事实上，自然界各种有序结构，包括人类这种万物之灵，都是通过不可逆过程才产生和维持的。时间这一最根本的概念，正是在这儿又一次被人们重新认识和重新发现。

普利高津之所以能在人们审视了无数次而没有作出新发现的地方，建立起新的时间观，并且由此而获得诺贝尔奖，十分关键的一点，是他能将潜意识中的东方文化精髓与西方的科学精神、科学方法有机地融合在一起。

他曾多次向人们强调，东西方思想的融合对西方科学家至关紧要，他在《从混沌到有序》一书的序中写道：

因此，中国的思想对于那些想扩大西方科学的范围和意义的哲学家和科学家来说，始终是一个启迪的源泉。我们特别感兴趣的有两个例子。……第二个例子是尼尔斯·玻尔，他对他的互补性概念和中国的阴阳概念间的接近深有体会，以至他把阴阳图[①]作为他荣誉勋章的标记。这个接近也是有深刻的根源的。

柯恩："无知教授"的不可知态度[②]

1998年诺贝尔化学奖得主W.柯恩，以提出著名的密度函数理论而震惊世界。有趣的是，柯恩做了一辈子的物质转化实验，竟在一夜之间被诺贝尔奖委员会变成一位化学家，连柯恩本人也感到非常荒唐。

科恩是一名地道的犹太人，1923年出生于奥地利一个中产阶级家庭，父母在第二次世界大战中被屠杀。由

① 阴阳图即"太极图"，西方一般将太极图称阴阳图。

② 本文参阅了网上的相关资料，谨致谢意。

于战争的原因，柯恩先后辗转流亡于4个国家，后进入美国哈佛大学学习，并定居美国。

早在20世纪初期，物理学中量子力学的发展就为计算分子的性质和它们之间的相互作用提供了可能；20年过去以后，科学家们的努力使得通过计算方法解决大部分物理问题和全部化学问题所需的基本理论已经相当完善。然而，由于分子性质的计算建立在单原子运动轨迹描述的基础上，计算方法在数学上异常复杂、繁琐，几乎使所有著名的化学家望而生畏。到了60年代中期，物理学家柯恩和数学家波普尔的介入，使这一难题的解决有了生机。在他和帕尔、霍恩伯格及沈吕文等科学家的共同努力下，创建了密度泛函理论（简称DFT）。这是另一种形式的量子理论，它成为后来化学中大多数数学计算的基础和先决条件。柯恩的理论和方程可以计算很大的分子，90年代初就曾被用来计算酶的电子结构。由于这一巨大成就，整个化学正经历了一场革命性的变化，并使得化学不再是纯实验科学了。

一位记者在采访手记中写道：

柯恩给我的感觉是一个经常陷入沉思，性格不太活跃的人。在柯恩温暖宁静的办公室里，他低沉而缓慢的语调像是从另外一个世界传来的一样。78岁的科恩白发稀疏，宽阔的头顶泛着亮光。而在他的身后是一块挂在墙上的暗绿色的小黑板，上面写满了方程式。这块黑板把他光亮的秃顶衬托得更加突出。他的语调像是在教堂里读《圣经》一样让人进入一种宁静状态，我不时地走神：这颗大脑有什么与众不同的地方呢？

采访结束后，这位记者感慨大科学家的思想不受约束。当人们按照前人的既定思路依赖每一个电子的3个坐标去求解电子的运动时，绞尽脑汁想的是如何用爱因斯坦的相对论去不厌其烦地修正其精确性。而柯恩却彻头彻尾革新了描述电子运动的方法，完全摒弃了众多电子的纷繁坐标，而改用电子密度去描述电子的运动，使得计算一下子简化了。这就好比在世人的心中，永远有一条通向目的地的路，而在科学家的心中却一马平川，对既定的路视而不见，他们总是能够自由地搜寻任何一个能够到达目的地的方向。问题还不仅如此，那些被这条已经存在的路束缚住的多数人，往往会嘲笑独辟蹊径的行为。哥白尼的日心说受到了嘲笑，伽利略的不同重量的物体会以相同的速度下降的理论受到过嘲笑，这些都是很久远的事情了。这种嘲笑事实上从未断绝过。认为甲烷可以代替氢气用于燃料电池的欧拉受到了嘲笑，认为半导体异质结构大有用途的克勒默受到了嘲笑，认为塑料可以导电的黑格——虽然没听说受到过嘲笑，但他的发现使中小学课本里“塑料是绝缘的”这句话成为错误，黑格因此专门做了一个示意图。只有冒险走与人不同方向的路才有可能取得大的成功，而克勒默也说，不要轻易相信别人的观点。

柯恩曾经慨叹自己的生命中原本没有一点能够成为诺贝尔奖得主的迹象。他在少年时的理想是成为一个农场主以务农为生，少年时对数学非常厌恶。长大后跟别人找寻过金矿，还在一家公司研究制造过军用飞机的一种部件。由于战争的影响，他接受的教育断断续续，德国人的身份不仅使英国警方怀疑他为间谍，而且在他想做化学实验的时候无法进入正在进行军事科研的化学楼。

柯恩儿童时的一张照片颇具讽刺意味。那时他大约7岁，在一个孩子们的聚会上他戴着黑色的礼帽，鼻梁上架着一副玻璃眼镜，胳膊下夹了一块牌子，上面写着：“无知教授”。这个少年时曾经装扮过“无知教授”的犹太人，在获得世界科学界的最高荣誉之后，又给自己戴上了一顶名字有些相似的帽子：“不可知论者”。

在风景如画、四季如春的圣巴巴拉海滩上，柯恩和他的妻子玛拉散步。散步是柯恩的爱好，有时候他会一个人享受散步的快乐。除此之外，柯恩总是每周抽出半小时享受他的新爱好——在海边的便道上像许多年轻人那样滑旱冰。此后，他还爱好听古典音乐和读读法语文学原著。当然，他现在仍然热爱物理学，而且大多情况下是和不及他年龄一半的科学家一起研究。而有时他也会在自己创立的社团中关注一些政治和社会问题。

下面是这位记者与柯恩的对话，非常有趣，值得全文引用：

记者：我听说许多美国的科学家能够深入浅出地向公众介绍他们的研究，许多年轻人因此对科学产生了兴趣。您能否向中国的普通公众通俗地介绍一下您的研究？

柯恩：从20世纪20年代中期开始，科学家是用薛定谔方程来求解电子运动的。薛定谔方程在计算电子运动时，需要知道每一个电子的位置，而每一个电子的位置在空间中需要3个坐标来描述，这样当电子数多起来的时候，就需要描述非常大量的电子位置坐标，这种计算对人类来说几乎是无法想象的。而我们找到了一个全新的角度可以描述电子运动的变量。

我的办法不是像薛定谔方程那样研究任意时间每一个电子的确切位置，而是研究一个特定位置上的平均电子数目，先取一很小的空间体积，然后研究一定时刻这个空间体积内的平均电子数目。这样描述整个体系只需要3个空间变量，因为密度方程只有3个变量，这就像看到一片云，用云中水滴的密度来描述云彩一样。这种方法的诞生已经有35年了。

记者：您作为物理学家获得了诺贝尔化学奖，这种情况和卢瑟福类似。卢瑟福曾经表示了他的不高兴，您也有这种感觉吗？

柯恩：卢瑟福发现的是原子中的电子，他说，他做了一辈子物质转化的实验，但没有一次像诺贝尔基金会一夜之间把他从物理学家转变成化学家这么荒唐。

我中学和大学的时光是在第二次世界大战中度过的。中国人应该能够理解，在战争期间接受教育是非常困难的。我没有在大学里上过一堂化学课。但我觉得我作为一个物理学家研究化学问题，起点非常高。因为讨论的是物质的基础结构和性质，我的研究尤其对化学有特殊的作用。当然对物理也是非常有用的，比如固体的性质。物理包括很多方面，但所有的化学都是研究电子的，所以我的研究对化学有巨大的影响。

记者：您是否喜欢思考哲学问题？

柯恩：喜欢。一个特殊的原因是二战的经历。我曾在世界很多不同的地方居住过，事实上我有4个国家的国籍。我最初出生在奥地利，后来奥地利被德国占领，我就成了一个德国人。二战时德国开始迫害犹太人，我逃到英国。可是由于拿的是德国的护照，英国人把我送到了加拿大。在集中营待了两年之后，我先是在加拿大读书、学习，后来参了军。战争结束后我就成了加拿大公民，然后又得到在美国上学的奖学金，在美国学习后留在美国，最终成了美国公民。

我因此而对社会问题非常关心，例如，在美国穷人是如何被对待的。在美国不同地方、不同群体的人怎样和平相处，或为何不能很好地相处。我曾积极地参与到禁止核装备竞赛的活动中。因为我的博士学位是物理学，所以我在禁止核装备竞赛中是一个专家。从现在这个社会看，在俄国和美国之间不会发生核武器军备对峙，但世界上仍有数以千计的核武器，这是很危险的。

我喜欢看高质量的小说和诗歌。但我对科幻小说不感兴趣。我的法语虽然说得不好，但是能很好地阅读，所以我喜欢读法国文学原著。现在我正变老，对音乐越发着迷了。我在年轻时喜欢打网球、击剑、滑雪、滑冰。现在我又做了一件非常愚蠢的事，喜欢上了滑旱冰。我还喜欢走路。

记者：许多年轻人喜欢思考一些稀奇古怪的问题，例如，人从哪里来，将来往哪里去等，您思考这些问题吗？

柯恩：思考。先说一下我的宗教信仰。我的家庭是犹太人，我的父母从宗教信仰的角度上来说有点传统，比如他们会庆祝每一个犹太人的节日，但同时他们又非常开放，对于其他宗教信仰也很宽容。

对于你问到的具体问题，人类如何产生，宇宙的起源等，《圣经》上能够找到所有的答案。我个人不相信这些答案。但是从一种非常广泛的意义上来说，《圣经》里的答案的确有一定的意义。有一些人对待《圣经》太认真了，真把《圣经》当成了“圣经”，相信人类历史只有5 000年。而在科学界里，大部分人相信人类的产生只是一些物理的和化学的偶然事件造成的。我自己不敢苟同这种观点。我想问，什么是偶然事件，什么不是？不可知论者常说的一句话是：“我不知道。”如果有人问我人从哪里来，我的回答是：“我也不知道。”

那我们将去哪里？我想每一个人需要先了解各种不同的信仰之后，自己来做出选择。未来的目的是什么，你自己做决定。就我自己来说，我对自己的目的有些糊涂。

作为一个犹太人，传统的目的是：改变这个世界。所以我个人自然是想让这个世界越来越好。但是作为一个个体的人，死以后是什么？我不知道。死后有没有天堂，目前还没有人回来告诉过我。但我不会因为对未来不知道而在活着的时候应付，我希望我能干得很好。事实上不可知论影响着我活着的状况。现在大部分人认为现实生活不重要，真正重要的是死后的世界，所以活着的时候不投入精力干现在的事，他们认为死后进入天堂才是最重要的。但我不考虑这件事，因为我不知道有没有天堂，所以我更加关心现在的生活，因为这是我唯一的机会。

记者：对于年轻人来说，您认为什么样的品质对于成功是重要的？

柯恩：这是一个非常大的问题，这个答案对于不同的人来说有不同的答案。一些人成为非常伟大的科学家，有一些非常具体的原因，而另一些人又有其他的原因，所以成为一个科学家没有一个绝对的方式。其他科学家回答你的问题时答案可能和我不同，不是谁对谁错的问题，而是成为科学家各有各的道路。我自己为什么喜欢上科学呢？我觉得它们是非常美丽的。怎么解释呢？我觉得它们充满了神奇。为什么物理这么美，为什么数学能以它的方式解决问题，帮助人们理解这个世界。因为有很多问题我很想了解，所以我非常崇敬科学。我喜欢上科学，还和老师的激发有关，当我还只有十四五岁时，对科学根本不感兴趣，对数学也非常厌恶。

我觉得要成为一个科学家，一个不能缺少的品质是正直与诚实。不仅要对其他的人诚实，而且要对自己诚实。什么叫对自己诚实呢？例如，在研究一个问题的时候，有时你觉得自己好像懂了，但不能把这当作真懂。

另外，不要被不太重要的问题迷惑住。

最后就是，一定要喜欢。

看来，柯恩的生命中已经深深地打上了“犹太人”的烙印，许多大哲学家是怀疑论者和不可知论者，科恩同样如此。怀疑是创造的动力，柯恩等待的“弥赛亚”同样没有来临，其实“犹太人”也是“不可知论”的神话表达。

这就是柯恩带给我们的深度思考。

第三章　犹太人与诺贝尔生理学或医学奖

不正直的医生是死亡天使的同僚。

——《密西拿》释经篇，第4章

当你需要医生时，你尊他若神明；
当他救你脱离危险，你视他如救星；
当你已病消难除，你拿他当作凡人；
当他送来账单，你把他看作瘟神。

——[法]杰达迪亚·A.贝德尔斯

如果一个医生能够治疗而不给治疗，即使有别的人可以给病人施治，他也无异于犯了谋杀罪，因为此刻也许他有特别高明之处，能够治好病人。

——《旧约全书》

肉体的干净导致精神的纯洁。

圣哲的门徒不可居住在没有厕所的城市。圣哲的门徒禁止住在没有医生的城市。

凡愿意完全接受上帝约束的人，应首先上厕所，然后洗手，再去祈祷。

——《大众塔木德》

爱护自己的身体，保持身体的卫生与健康，是一种宗教义务，是对上帝的崇敬；而不顾惜自己的身体，或者故意糟践自己的身体，则是一种罪孽，是对上帝的亵渎。

——迈蒙尼德

一、信仰治病

犹太人获诺贝尔生理学或医学奖的人数较多，这和犹太文化传统中对医学的重视是分不开的。用医学史中完全属于犹太医学的一种个性，考察整个犹太医学是十分困难的。我们有关古犹太医学的资料少得可怜，甚至连一本药方集子或医学故事书也没有。[①]按照《医学史》一书的观点，古犹太医学有其很重要的特点，而这些特点均来自这一民族的发展和社会政治事件的影响。[②]古犹太的医学，至少现存于《圣经》中的部分，属于僧侣医学，其中充满神权气氛，因为当时道德上、社会上和政治上的法规都受神权支配。尤其是一神教思想，使得犹太医学与其他古代民族的医学完全不同，他们相信唯一的上帝是健康的主宰，又是一切疾病的主宰，正因为疾病来自上帝，所以只能是人类罪恶所应受的惩罚。这种目的论观念和宗教教育，使犹太人信服灵魂的观念和魔鬼致病的观念，并因之产生魔术和迷信。但是由于《圣经》

---

① 林太，张毛毛编译：《犹太人与世界文化》，上海：上海三联书店，1993 年，第 72 页。

② [意] 卡斯蒂廖思：《医学史（上册)》，程之范译，南宁：广西师大出版社，2003 年，第 52 页。

中有关的卫生法规极为发达，犹太人对医学的魔术和迷信程度比其他民族要轻得多，这就是一神教对古犹太医学发展的重要性。因此，《圣经》中很少提到医生和药品，说明古犹太人医学的特点只能用 4 个字概括——信仰治病。

凡是研究《圣经》的人都能清晰地看出，其中有将一切权威包括治病的权力集中于祭司阶层的倾向，因祭司保管和传达上帝的意旨，所以在医疗上也是唯一正式的医务工作者。祭司也是人们洁净的监护人，由于身体洁净与心灵洁净同等重要，而且不允许只有心灵的纯洁而无身体的清洁，所以卫生规定明显带有宗教告诫的特点，并且是宗教仪式的一部分。因此，祭司们需要高尚的道德，同时也需要严格遵守沐浴和清洁条规。犹太教按照《圣经》中一再重复的说法，认为所有犹太人全是祭司的人民，是上帝的选民，各阶层之间没有区别，因此所有宗教卫生法规适用于任何人 。[①]

古耶路撒冷犹太教圣殿被毁以后，大量的犹太人生活在放逐中，犹太医学没有明显的发展。但是，到了阿拉伯人征服地中海以后，犹太人的各个方面都得到长足发展。犹太医生成为哲学家、明睿的理智者、精力充沛

---

① 〔意〕卡斯蒂廖尼：《医学史（上册）》，程之范译，南宁：广西师大出版社，2003 年，第 53 页。

的开业医生、诊断行家、出色的植物学和药理学研究者，并从此为人类医学的发展作出了巨大的贡献。下面按时间顺序，作一简述。

经典中的犹太医学

《圣经》在医术上有一个独特的贡献，这就是它提出了社会公共卫生的种种规定。这不仅在古代，而且在近代也影响了犹太人的生活。卫生和预防成了为整个民族的康乐与繁衍而必须遵从的宗教教规。据统计,《圣经》中的各种戒律共 613 条，同医药有关的多达 213 条。防止流行病、禁止卖淫嫖妓、抑制性病、经常洗澡、保护皮肤、严格的饮食卫生与环境卫生的规定，性生活中的准则，隔离与检疫、对于休息日的遵守，以及及时预测疾病的习惯等，有力地阻止了曾在邻近国家中流行并带来严重后果的疾病在犹太民族中的传播。[①]

按照《圣经》的规定，饭前洗手和洗澡是宗教上的责任。此外，犹太人非自洁后不得进教堂，甚至在读教规前和性交后都必须沐浴。女子在经期被看做是不洁的人，不仅不允许进礼拜堂，甚至不能与丈夫有任何关系，有人若与行经妇女交合要受死亡之苦。

① 陈超南:《犹太的技艺》，上海:上海三联书店，1996 年，第 105 页。

在犹太人的全部社会史中，洗礼极为重要，是一种基本规则。在犹太人宗庙被毁、遭到驱赶以后，不论如何小的宗教团体，必须行洗礼才能成立，新入犹太教的人也必严守此礼。条文中规定全身必须浸入水中，浴前要脱去外衣和装饰品，并且要将全身洗净后再行洗礼。从这种观念产生了有关接触污物的条文。凡进入有死人之家，在 7 天之内都是污秽的，应当用“净水”于第三日和第七日洗身，有人认为这是为了消毒。在《申命记》中提及士兵要将他们的粪便用土掩盖以防传染，成为一项极重要的清洁法规。犹太人甚至规定士兵在营地需携带器械用以挖坑铲土掩埋大便。这虽然是一种原始方法，却说明当时先进的卫生观念。[①]

犹太人早已意识到传染病是由衣服和器皿的直接接触而传播的，甚至对老鼠和苍蝇的传播也有提及。所以制定了一系列有关个人和环境卫生的规则。这些规则包括：预防性隔离和即时隔离，检疫，烧掉或烫洗受到污染的衣服和器皿，彻底擦洗和烟熏受到传染病污染的住房。因此，欧洲历史上出现过若干次传染病，犹太人受到的冲击很小。

古犹太人还规定，无论何人，只要接触过人的尸体

① 〔意〕卡斯蒂廖尼：《医学史（上册）》，程之范译，南宁：广西师大出版社，2003 年，第 55 页。

与动物的尸体，或接触过尸体上某部分的烂肉和脓液，就必须对自己进行彻底清洗，包括衣物。在《圣经》中列出的疾病有：痔疮、牛皮癣、疥、痨病、热病、火症、疟疾、露疮、瘟疫、麻风、烂骨、结膜炎和白内障等。这反映了古犹太人对疾病的认识水平。此外，还介绍了治疗方法，包括清洗法、光照、服用药物和绷带治疗等方法，甚至还提到了人工呼吸法。《圣经》中提到的药物有：没药、桂皮、肉桂、枫脂香、硝石和风茄等。还提到了包皮割术和阉割。尤其是割礼，成为犹太人和上帝立约的标记，同时也有利于生殖器健康。所以，犹太女人不仅生殖能力强，而且很少得妇女病。[①]

犹太人称麻风病为 Zaraath。这个词包括现代临床上很多病。如牛皮癣、湿疹等各种皮肤病，甚至梅毒。据《利未记》13 章 2—46，显然是犹太人称的麻风，从《创世纪》31 章 14—15 的一段记述中可以推断，犹太人曾用曼陀罗做壮阳剂。关于外科手术，除了割包皮外，还有肛门瘘手术、脱臼整复和剖腹产术等。放血术也常常提及，水蛭和拔罐也常使用。手术前也要服催眠剂。[②]

在《圣经》里找不出医生、治法、符咒的痕迹，个

① 陈超南：《犹太的技艺》，上海：上海三联书店，1996 年，第 108 页。

② 〔意〕卡斯蒂廖尼：《医学史（上册）》，程之范译，南宁：广西师大出版社，2003 年，第 61—62 页。

别章节仅有上帝恐吓和击打犹太人。不管何时，只要犹太人不忠于上帝的律法，便会立刻遭到惩罚。只有信上帝，精神和肉体才能得到医治和拯救，这就是所谓的“信仰治病”。信仰治病对医学最大的贡献在于，奠定了整个社会卫生的主要基础。犹太人在历史上首先赋予了人民受法律保护的权利，将卫生立法作为社会道德的一大基础，构成了犹太教的特性之一，同时也为人类医学思想的进化奠定了宝贵的基础 。[①]

塔木德时期从公元 2 世纪到 6 世纪，这个时期的各种历史事件对于犹太人的观念和生活方式造成了极为深刻的影响，影响所至波及了犹太医术发展的进程。巴比伦之囚、哈斯蒙尼战争之后的希腊人的统治、基督教的兴起、第二圣殿毁坏后的大迁移，都使得犹太人的生活社区变得更易受到邻近民族的影响，甚至受到外族思想上的影响，这些影响在犹太人的生活，包括医术的每一步发展上都打上了烙印 。[②]《密西拿》《米德拉西》《死海古卷》等书,都有许多内容与医药有关。巴比伦《塔木德》的注释对于食道、喉头、气管、肺、脑及生殖器均有精确的阐述。对于肺瘤、肝硬化、干酪性变质，以及其他一些病症，也有正确的描述。

---

① 〔意〕卡斯蒂廖纪 :《医学史（上册）》，程之范译，南宁 : 广西师大出版社，2003 年，第 61—62 页。

② 陈超南 :《犹太的技艺》，上海 : 上海三联书店，1996 年，第 110 页。

《塔木德》中所表明的犹太人的医疗观念是比较接近人性的。在许多叙述中表现了他们对人类生命的神圣性与身体健康重要性的看法："救人一命比过安息日更重要"；"过分地斋戒即为罪人"。《塔木德》认为，健康主要靠上帝规定的健康生活方式，同时也不反对人们在有病时去看医生，甚至在安息日也要看病。条文这样说："无论谁遇到了伤病而疼痛，要让他去看医生。"因为医生已被认为是上帝帮助信徒治病的工具和代理人，在犹太人心中的地位很高。《塔木德》认为，在一个由有文化修养的人居住的城市中必须具备的条件共有 10 项，其中一项便是必须有医生。犹太人还制定了专门的规则，谁要把房子租给医生，事先须征得邻居的同意，以免上门看病的人的哭声打搅了他们。当时虽没有专门的医院，但犹太会堂的部分房间可当作病人的诊治所和住院处。专门用作手术室的房间，其墙壁与地板均用大理石铺设，以便于清洁 。[1]

医生行医应该获取合适的报酬，免费看病是不允许的，对穷人少收费是允许的。4 世纪时的一位医生以博爱精神著称，为了不使穷困的病人难堪，专门在墙上挂了一只箱子，病人可以随便支付自己的医药费。这位医生甚至拒收穷学生的钱，目的是让孩子恢复健康和继续求学。在当时的文明社会中，犹太医生不仅具有很高的

① 陈超南：《犹太的技艺》，上海：上海三联书店，1996 年，第 112 页。

声誉，同时数量很多，名医层出不穷。许多权贵都聘请犹太籍的私人医生。此外，当时的犹太学校中，已把医术列为重要课程之一，许多学者本人就是医生。

塔木德时期的人体解剖学也有了长足的发展。由于解剖知识的积累，犹太科学家和医生对于动物的洁与不洁有了严格的规定。他们还对妇女月经的规律，以及某些妇科病，甚至对胚胎的发育都有研究，并认为胚胎从它受精之日便是一个有生命的机体，对“精子”的认识甚至超过了亚里士多德的认识。《塔木德》认为，在怀孕期间，男女双方都对新生命有着重要作用。此外，《塔木德》还对肺的病理情况作了描述，并已知道肺病有传染性。他们还掌握了治疗皮肤病、角膜炎、视网膜脱落以及白喉的许多经验，治疗的手法也比圣经时代进步。《塔木德》中有关健康、饮食和传染病的许多戒律，即使放到现在也很先进。对个人的清洁和卫生更是非常重视，不仅建议大家参加体操、按摩和日照等活动，甚至认为“早上洗手和洗脚，比世上任何治疗都更为有效”。此外，还禁止与癫痫病人或精神有障碍的人结婚。

通过《圣经》和《塔木德》中的医学理念，我们可以追踪医学思想在犹太人中演化的轨迹。

中世纪及其后的犹太医学

到了中世纪，犹太人的医学进入了“黄金时期”。一位专家评论说：“在中世纪，犹太人和阿拉伯人对于医药学说的进步当然有着一种显而易见的影响。近期发现了一些希伯来人的手稿，它们表明中世纪的犹太医学家在积极保存和发展医学思想方面是如何孜孜不倦和卓有成效。”[①] 当时，犹太人在阿拉伯人征服地中海期间，即在中世纪至文艺复兴之前的这段历史中，发挥了令人印象深刻的作用。阿拉伯人视犹太人为尊敬的医生、老师和顾问，因而犹太人在各自的职业和知识领域享有完全的自由。犹太人似乎命中注定要在这一历史阶段发挥作用，他们谙熟古希腊的哲学和医学，并且对亚历山大利亚诸学派了如指掌，因而对阿拉伯的文化产生了巨大的影响。与此同时，由于长时期的大流散，犹太人忘却了希伯来语，便开始使用所在国的语言。当时，绝大多数的犹太医生都使用阿拉伯文字撰写他们的著作，包括伟

① 林太，张毛毛编译：《犹太人与世界文化》，上海：上海三联书店，1996年，第84—85页。

大的摩西·迈蒙尼德。[①]

摩西·迈蒙尼德于1135年生于西班牙，几经辗转，于1165年定居开罗，是当时非常著名的哲学家和医学家。他在医学上的全部想法都基于这样一种信念：健康的身体是健康心灵的先决条件，这样才能发展一个人的理智能力与道德力量，并引导他去认识上帝，去过一种较为道德的生活。他把医学看作一种修补身体上缺陷与精神异常的艺术，极力主张医生不仅需要本行中的技术与知识，而且还要善于了解病人的个性和环境。他行医依靠理智地观察病人，依靠爱和信念，并严格执行《圣经》的道德戒律。他将医学分成三大部分：预防性医学——对健康的保养；治疗疾病；恢复期的照看和方法，包括对衰老的防护。他虽然对古希腊的医术比较推崇，但反对盲目崇信所谓的权威，对于有价值的清晰思想和实验都评价很高。他的医学观测法、诊断法、治疗法，对气喘病与中毒反应的研究，对药物反应的研究，以及对希波克拉底《格言》的注释，使他处于医药界的领先地位。他所写的医学书都用阿拉伯文，其中的大多数很快被译成希伯来文与拉丁文。由此可见他的名声和影响。[②]

12世纪末13世纪初，犹太人进入了法国南部地区，

---

① 林太、张毛毛编译：《犹太人与世界文化》，上海：上海三联书店，1996年，第84—85页。

② 陈超南：《犹太的技艺》，上海：上海三联书店，1996年，第121页。

尽管他们同样受到限制，但总的状况要比在西班牙好一些，并有了自己的学术中心。教皇的训令与宗教会议的法令时而禁止时而允许犹太人行医。蒙特利尔医药学校的师资很大程度上依赖于犹太学者，还有不少文献记录了一些私人学校设立犹太律法、自然科学、医学等课程，并付给犹太教师不少的费用。在 15—16 世纪，当一些医学专科学校不招收犹太学生时，犹太医学界便开设犹太医校以便犹太医学后继有人，把经希伯来文翻译的希腊与阿拉伯医书作为教学用书。

在意大利，许多犹太医生同时又是犹太社区中的祭司或领导人。在欧洲许多国家中，大学拒收犹太学生，但在意大利，好几家大学都招收犹太学生。由于其他欧洲国家反犹，所以很多犹太人涌入意大利。在很长一段时期里，犹太医生成为教皇、红衣主教、主教和公爵的私人医生。

在北欧诸国，犹太医生同样享有很高的声誉和居于很高的地位，但其数量和影响远不及南欧诸国的犹太医生那样举足轻重。1000 多年来，犹太医生在医学界作了不懈的努力，这为他们在 18—20 世纪的繁荣打下了坚实的基础。

犹太人对现代医学的贡献①

正如我们所见到的那样，尽管西方人常常欢呼文艺复兴运动为“解放”的新纪元，但对犹太裔医生来说，除了意大利之外，他们在所有地方仍然受到干扰并常常遭到迫害。有些犹太医生一举成名，有些还荣升为国王和王子们的御医或医学顾问，有时他们甚至获得显赫的地位和特别权利，但这都是特殊情况。一般来说，他们的生活是没有保障的，也很难执掌要职，开明而亲犹的统治者寥寥无几。

17 世纪，当天主教与新教的斗争在德意志进行得如火如荼之际，只有意大利的大学对犹太人网开一面。第一位犹太学生叫博纳科沙，他于 1255 年在帕多瓦大学注册。埃利乔·戴尔美地哥是帕多瓦大学最早的犹太血统教授。但直到 16 或 17 世纪，大量来自德意志各公国、奥地利和波兰的犹太人才群集这所大学。从那往后，只有从帕多瓦大学获得学位的犹太学生，才被允许在德意志或奥地利开业行医。一直到 1782 年，即奥地利君主约瑟夫二世的所谓“宽容法令”颁布后，犹太人才被允

① 本篇主要参考了林太、张毛毛编译：《犹太人与世界文化》，上海：上海三联书店，1993 年，第 99—109 页。

许进入奥地利各大学，但要任教或谋得一席仍困难重重。犹太先生常常被唤作“意大利先生”，只有在意大利，他们才有自由发展的机会。

法国大革命后，犹太人才刚刚尝到“解放”的甜头，大量的犹太学生涌入大学，喜爱研究犹太医学的犹太人突飞猛进。从那时开始，许多医学专科成为犹太学者展示特殊才能的“专利”辖区，诸如：免疫学、临床医学、耳科、眼科和精神病科等领域。19 世纪上半叶，3 位杰出的科学家对于临床学的进步功不可没：莫里茨 · 亨利希 · 龙伯格是近代神经病理学的奠基者，1838 年他成为柏林大学教授；罗伯特 · 雷马克是柏林大学第一位犹太血统的讲师，后晋升为副教授，1842 年他发现了早期胚胎的 3 个胚层，1844 年发现了心脏的神经细胞（后定名为雷马克氏神经节），还首创了以电疗法治疗神经病；路德维希 · 特劳贝也是当时最伟大的临床医学家。

雅各布 · 亨勒（1809—1885 年）是德国诸大学中最负盛名的教师之一。1840 年，他就假设微生物是传染性疾病的直接原因；他最通晓的领域是人体解剖学，他的《解剖学总论》是第一本系统的解剖学著作。解剖学和病理学中“亨勒环”“亨勒疣种”“亨勒包膜”和“亨勒裂沟”等都是以他的名字命名的，其研究面极广，从眼膜到指甲，无所不包，至少有 12 种显微结构是以他的名字命名的。

赫尔曼·勒伯特曾在瑞士苏黎世大学和波兰的布雷斯劳大学任教授，他是最早使用显微镜进行病理解剖研究的学者之一。

亨利希·巴姆贝格尔是临床医学专家，维也纳大学最著名的医学教师，他的关于心脏病的教科书被视为经典。

奥斯卡·明科夫斯基是新陈代谢研究的创建者。阿道夫·马格努斯·利维也对这一课题作出了杰出贡献。

乔治·海耶姆在巴黎任临床医学教授，是描述血小板的第一人。

约瑟夫·布罗伊尔与弗洛伊德创立了革命性的精神分析学说。后来的许多心理学家都是弗洛伊德的学生，而且是犹太人。

塞萨尔·隆布罗索是《犯罪者论》的作者，是最早关注少年犯罪心理研究的著名学者。

哥伦比亚大学的亚伯拉罕·布里尔是精神分析学说在美国的鼓吹者，并且对这门学说的发展作出了贡献。

爱德华·亨诺克和亨利希·芬克尔斯坦是德国儿科学的奠基者；马克斯·卡索威兹为遗传性梅毒和佝偻病做了基础研究工作；贝洛·锡克在白喉症和猩红热领域的研究也是众所周知；亚伯拉罕·雅各比是美国儿科学

的先驱；最著名的美国儿科医生是西北大学教授以撒·艾布特；亚伯拉罕·莱文森从事脑髓液的研究；亨利·科普利克在纽约“西奈山医院”创建了儿科病房，并且发现了麻疹的初始斑点；艾尔弗雷德·赫斯对佝偻病和坏血病的研究硕果累累。

维也纳的莫里茨·本尼狄克和莫里茨·罗森塔尔是近代神经病学的创建先驱；艾米尔·雷德利希发现了瞳孔变化现象，并由他的名字命名该现象；曾寓居维也纳和纽约的奥托·马尔保在神经系统的病理学方面闻名遐迩；阿诺德·皮克对脑解剖的调研方面素有成就，他与路德维希·埃丁杰一起，被认为是神经病学领域最杰出的研究者和教师；柏林的赫尔曼·奥本海姆是注意损失型神经病的第一人。

在皮肤病学和梅毒学方面，斐迪南·黑布拉和莫里茨·考波什名闻遐迩，他们不仅是维也纳大学的创建人，而且黑布拉创立的新维也纳皮肤科学院也成为现代皮肤病学的基地。他认为皮肤病与局部刺激有关，驳斥了流行的体液说。保罗·温那是汉堡大学的教授，他通过皮肤病病理学方面的解剖研究和生物化学研究，赢得了巨大声誉。因此，在德国皮肤病学被称为“犹太皮肤”。许多皮肤病及其治疗方法都是以犹太医生的名字命名的，如“卡波希肉瘤”“乌纳瘤”“夏姆伯格病”等。在可的松发明以前，拉沙药膏是能够治疗多种皮肤病的最常见的药膏，而这种药膏的命名就是以犹太皮肤病专家沙拉命名的。

19 世纪伟大的外科医生中，现代腹部外科的奠基人比尔罗特的学生安东·沃尔弗勒也是犹太人，而且是最早施行胃切除术的医生；罗伯特·热尔苏尼和尤里乌斯·施尼茨勒是维也纳大学的学术领袖；柏林的詹姆斯·以色列是泌尿外科学的头号人物；奥托·祖克坎德尔也是在讲台上产生轰动效应的教师；马里奥·多纳蒂是意大利米兰大学的外科教授，一般被认为是该国这一学科的最高权威。

最有声望的妇科医生是恩斯特·韦尔特海姆和约瑟夫·霍尔本，较近时期则是本哈德·宗台克，他通过有他一半功劳的“阿谢海姆—宗台克反应”而声名远扬。

伟大的眼科专家有波兰布雷斯劳的教授赫尔曼、科恩和美国巴尔的摩的弗里登沃尔德，后者还以医学史专著而声名彰显；耳科学的领头人物是亚当姆·波利泽尔，他曾创立了一所驰名世界的弟子学校，其学生巴拉尼获 1914 年的诺贝尔奖；喉科学的代表人物是维也纳的卡尔·施特尔克及其学生哈吉克，在病理基础研究方面独树一帜；弗利克斯·西蒙爵士在英国喉科学方面同样首屈一指。

鲁道夫·海登海恩、莫里茨·希夫和雅克·勒布，都是近代生理学的先驱人物。希夫的突破性成果是发现了“希夫氏胆汁循环”并完成了四卷本专著《生理学论文集》；而勒布则成功地搞定了孤雌生殖，证明了受精卵分裂的开始是受化学因素控制的，实际上与遗传性状的传递过程无关。

在普通病理学和实验病理学方面的伟大研究者是维也纳大学实验病理学的教授；德国大学的教授萨洛蒙·斯特里克尔，他关于内分泌学的著作在基础医学研究方面有重大意义。

三位伟大学者奠定了革命性的医学思潮，这思潮动摇了治疗方面的基础概念，他们是卡尔·魏格尔特、保罗·埃尔利希和奥古斯特·瓦色曼。魏格尔特引进了新的染色手段，在用显微镜观察人体组织的取样时提高了清晰度；埃尔利希揭示了免疫学与生物学的关系，开创了运用化学疗法治疗梅毒的新时期；瓦色曼有关毒素和抗毒素的专著《病原微生物手册》，是对免疫学最重要的贡献，此外他还因发明梅毒血清试验而名声大噪。

弗尔南德·维达尔同样是一位佼佼者，他因研究伤寒热的反应而名扬四方，并研制成了一种预防伤寒和副伤寒的疫苗。有关伤寒热的反应被医学界命名为“维达尔氏反应”。

此后，犹太人对医学和生理学的贡献就主要集中于诺贝尔奖了，下面详细介绍。

1908—2000 年犹太人获诺贝尔生理学或医学奖统计

犹太人在 20 世纪对医学和生理学的贡献太大了，1908 年，埃尔利希和梅契尼科夫因化学疗法和发现吞噬细胞首开获奖先河，后来的兰德施泰纳发现了人类的血型系统并研究出 A，B，O 血型的检验方法，弗莱明等人发明了青霉素，瓦克斯曼发明了链霉素……数不胜数，列表如下：

时间	获奖人	国籍	获奖原因
1908年	保罗·埃尔利希 梅契尼科夫	德国 俄罗斯	免疫学和血清疗法方面的研究 对免疫的研究，提出免疫的“细胞理论”
1914年	R. 巴拉尼	奥地利	从事有关内耳前庭装置生理学与病理学方面的研究
1922年	迈尔霍夫	德国	肌肉中氧消耗和乳酸代谢的关系的研究

续表

1924年	爱因托芬	荷兰	发现了心电图的机理
1930年	兰德施泰纳	奥地利	发现了人类的血型
1931年	瓦尔堡	德国	发现了呼吸酶的性质和作用方式
1936年	奥托·勒维	奥地利	发现神经冲动的化学传递
1944年	厄尔兰格 赫伯特·加塞	美国	用电子技术研究神经活动并发现单一神经纤维的高度机能分化
1945年	柴恩	英国	发现青霉素及其对各种传染病的治疗作用
1946年	缪勒	美国	发现X射线能诱发基因的突变
1947年	柯里夫人	捷克	发现肝糖的催化转变过程
1950年	赖希施泰因	瑞士	发现肾上腺皮质激素及它的结构对生物学的作用
1952年	瓦克斯曼	美国	发现链霉素
1953年	克雷布斯 李普曼	英国 美国	发现柠檬酸循环 发现辅酶A及其对中间代谢的重要性

续表

1958年	莱德伯格	美国	发现细菌的基因重组和遗传物质结构
1959年	科恩伯格	美国	发现RNA和DNA的生物合成机制
1964年	K．布洛赫	美国	研究胆固醇和脂肪酸的代谢机制
1965年	雅可布 雷沃夫	法国	提出信使核糖核酸和操纵子理论 研究病毒遗传组合而对分子生物学所作的贡献
1967年	沃尔德	美国	研究视觉生理特别是色素的成就
1968年	尼伦伯格	美国	研究遗传密码的破译取得的成就
1969年	卢里亚	美国	发现病毒的复制机制和遗传结构
1970年	阿克塞尔罗德 卡茨	美国 英国	发现儿酚胺类神经递质的代谢过程 发现神经末梢传递物质的释放机制
1972年	埃德尔曼	美国	研究抗体的化学结构取得的成就
1975年	巴尔的摩 马丁·特明	美国	发现肿瘤病毒与细胞遗传物质的相互作用

续表

1976年	布隆伯格	美国	发现乙型肝炎的起源和传播机制
1977年	耶洛夫人	美国	发现和发展放射免疫分析法
1978年	内森斯	美国	将限制性内切酶用于遗传组织和遗传工程所取得的成就
1980年	贝纳塞拉夫	美国	从事细胞表面调节免疫反应的遗传结构的研究
1984年	米尔斯坦	英国	确立有关免疫抑制机制机理的理论，研制出单克隆抗体
1985年	布朗 戈德斯坦	美国	从事胆固醇代谢及与此有关疾病的研究
1986年	蒙塔尔奇尼 S. 科恩	意大利 美国	从事胆固醇代谢及与此有关疾病的研究
1988年	埃利恩	美国	研究选择性抗代谢药物所取得的成绩
1989年	毕晓普 瓦尔姆斯	美国	发现了动物肿瘤病毒的致癌基因源于细胞基因，即所谓原癌基因
1991年	E. 内尔 B. 萨克曼	德国	发明了膜片钳技术

续表

1993年	夏普 罗伯茨	美国	发现断裂基因
1994年	吉尔曼	美国	发现G蛋白及其在细胞中传导信息的作用
1995年	威斯乔斯	美国	发现了控制早期胚胎发育的重要遗传机理，利用果蝇作为实验系统，发现同样适用于高等有机体的遗传机理
1997年	普鲁西纳	美国	发现一种全新的蛋白致病因子朊蛋白，并在其致病机理的研究方面作出杰出贡献
1998年	弗齐格特	美国	发现一氧化碳是心血管系统中传播信号的分子
2000年	坎德尔	美国	在人类神经系统信号传送领域作出突出贡献

通过前文资料可以看出，美国犹太人的获奖人数较多，德国犹太人次之。其实，第二次世界大战前德国犹太人的获奖人数超过美国犹太人，但到了纳粹上台后，

德国驱逐和屠杀犹太人，致使犹太人大量逃往美国，因此美国的科学水平突飞猛进，而德国战后只有一个犹太人获奖。由此可见专制体制是科学发展的最大敌人。

犹太医学的最大传统就是伦理和道德在犹太文化生活中占优势地位，尤其是公共卫生法和环境卫生法成为一种神圣的指令，即“信仰治病”。犹太人的医学史是犹太人的一部民族史，反映了他们的艰难历程和为争取解放及宗教自由的斗争史。犹太民族对医药科学和医学实践所做出的贡献，是成千上万的信徒、学者、烈士、教师和默默无闻的实践者顺从犹太教道德律法理论的奋斗成果和智慧结晶。一个追求知识、敬畏书籍的民族必将有无穷的潜力，在各个领域取得同样巨大的成就。

2002 年又有两位犹太人士获得了诺贝尔生理学或医学奖，一位是 78 岁的生物学家布勒纳，一位是 55 岁的霍维茨。他们因选择线虫作为新颖的实验生物模型，找到了对细胞每一个分裂和分化过程进行跟踪的细胞图谱而共同获得该奖 。[①]

目前在美国伯克利分子科学研究所的布勒纳，生于南非约翰内斯堡郊外的杰米斯顿。父母是犹太移民，父亲 20 世纪初逃出将被苏联占领的东欧小国到伦敦后，没有足够的钱买去美国的船票，只好到南非。他父亲是

① 这部分资料来源于诺贝尔奖网站，感谢我的助手贾晋京先生。

皮革匠，家就安在皮革铺的后面，父亲一生不识字更不会写字，却通几种语言。布勒纳 4 岁以前，邻居裁缝的妻子用她家做桌布的报纸教布勒纳认字，这是他的启蒙教育。大概 4 岁半时，父亲有个顾客麦卡特尼夫人见小布勒纳读书，对老布勒纳说应该送这孩子读书，父亲说读不起。于是她把小布勒纳收到自己管的幼儿园里。这是一个早期发现布勒纳才能而且帮助他的人，布勒纳到 70 多岁还记得她。虽然比同班同学小 3 岁，布勒纳在学校的学习成绩一直不错，不过从不是第一，大约前六名，据他说，小学中学名次比他靠前的同学长大后智力平庸。布勒纳喜欢去图书馆，从小学起一生读了很多书和文章，穷的时候偷过一本喜欢的书。对科学的兴趣也来自课外书籍。他 14 岁到威特沃特斯仁德大学读医学院，因为经济问题，虽然有奖学金，他还去课外打工（站在教堂给别人家庭悼念时凑名额），因为年龄太小，被要求多读两年。他先去拿了硕士学位，以后再得医学学位。老师里有他喜欢的也有不喜欢的：给化学老师提意见被赶出过教室；而一位组织学和生理学老师和他一起读书，使他觉得受智力刺激。1951 年他获奖学金到英国牛津大学念研究生，研究细菌的病毒：噬菌体。

1953 年 4 月，在华生和克里克著名的 DNA 结构模型文章发表前不久，布勒纳在剑桥大学见到他们。以后布勒纳去美国访问过，也回南非工作过两年（1954—1956），但长期在英国剑桥大学的卡文迪许实验室（衍生的分子生物学实验室）。特别是和克里克有长期活跃的讨论和合作。布勒纳对分子生物学有多项重要贡献。是分子生物学开创者之一，他发现 mRNA，是一项可获诺贝尔奖的工作。他研究遗传密码也有几个重要贡献。1961 年，他在《自然》杂志发表两篇论文，一篇关于 mRNA，一篇关于遗传密码。在这样的高峰时刻，他和克里克开始考虑未来：1962 年起，他们讨论了几年，认为分子生物学的框架已经有了，要开创新领域。布勒纳想做发育和神经系统。他的想法是利用简单的动物，依靠遗传学来理解发育和神经。1963 年，布勒纳提出用一种叫 C．briggsiae 的线虫研究发育和神经。他不断读文献和采集样本，到 1965 年找到了叫 C．eliegans 的线虫。然后他和几个学生对这种线虫进行了基本的解剖和遗传分析。发现这种线虫在研究上有许多优势：结构简单、透明、生活周期短和可以冷冻储存等。他们还证明可以用遗传学手段研究线虫，1967 年，他们获得第一个线虫遗传突变体。到 1974 年，布勒纳在《遗传学》杂志上发表了第一篇有关线虫的论文。因为许多学生物的人都嘲笑用线虫做研究，而布勒纳更喜欢其他不同学科的人，因此他初期招的学生常出身于数学、工程和化学。他认为背景不多的人成见更少且敢于冒险。70 年代加入线虫研究的人冒的危险很大，因不容易判断线虫能有多大用处；80 年代，线虫研究在生物学界成为一个“热门”；到现在，世界上有许多研究线虫的实验室和科学家，在发育生物学和神经生物学方面都有重要发现。布勒纳的得奖原因就是他开创用线虫做生物学研究材料，而不是某项具体研究工作。

霍维茨也是犹太后裔，出生于美国芝加哥，九年级在家中浴室里做过果蝇遗传的家庭作业。大学在麻省理工学院学数学和经济。申请研究生时从数学、经济到生物都申请了。他在哈佛大学做研究生是在华生、吉尔伯特和维伯联合指导的实验室，三人对他有不同教益：华生有极好的生物直觉；吉尔伯特会挑任何实验解释的毛病；维伯知道如何做出实验。霍维茨单独发表 4 篇论文而毕业。霍维茨到英国加入布勒纳小组做博士后，开始和萨尔斯顿合作研究细胞谱系和用遗传学分析细胞谱系的机理。1977 年，萨尔斯顿和霍维茨在《发育生物学》杂志报道线虫胚胎后发育的细胞谱系。1980 年，霍维茨和萨尔斯顿在《遗传学》杂志报道用遗传突变的方法，发现一些控制细胞谱系的基因。1981 年，萨尔斯顿和霍维茨在《发育生物学》杂志进一步分析影响细胞谱系的突变种。1983年，萨尔斯顿和其他合作者在《发育生物学》杂志报道线虫在胚胎发育期间的细胞谱系。至此，细胞谱系分析的主要工作，特别是发育和形态工作，已经结束，而分子生物学工作将很快跟上。其间，布勒纳的其他助手业也进行了一些重要工作，包括怀特、赫吉科克和乔非等，所有这些论文，布勒纳都没有做作者。

1978年，霍维茨回麻省理工学院做助理教授，1981年晋升副教授，1986年晋升教授。他主要用线虫做了包括发育生物学和神经生物学的许多研究。一个重点是细胞凋亡的分子机理，他用遗传突变的方法找到关键的调节细胞凋亡的基因。诺贝尔奖委员会引用的是他和女研究生爱丽思1986年在《细胞》杂志发表的论文。其后他的实验室还发现其他控制细胞凋亡的基因。这些基因被霍维茨实验室的研究生克隆并展开了进一步研究，主要有袁均英（1977年上海高考第一名进复旦）和Hengartner等。霍维茨实验室的研究，推动了人们理解细胞凋亡的分子机理，他们将研究结果和其他研究哺乳动物细胞凋亡的结果对比，发现细胞凋亡在不同动物用的是同样的分子，其机理也是相同的。高等动物细胞凋亡研究领域里，英国的Wiley和Kerr、澳大利亚的 Vaux 和 Cory、美国的 Korsmeyer 等也有重要发现。细胞凋亡的生物化学机理研究的重要突破来自于目前在得州大学西南医学中心的王晓东实验室。

布勒纳、霍维茨和萨尔斯顿三人性格不同，他们的共同点是为科学作出了创造性的贡献。在获得诺贝尔奖以前，布勒纳就被许多人认为是目前还活着的最聪明的生物学家之一。他极喜欢交流和讨论科学，并和克里克有长期交流。他认为“讲话和用交谈来做实验对科学很重要”。他很幽默,有一段时间常常写俏皮的评论和忠告。1986 年后他参与提倡进行人类基因组研究。

霍维茨不仅自己的研究成果卓著，他从 1978 年以来领导的实验室，也一直是生命科学界最高产的实验室之一。他有多方面的重要工作，论文很多，他的实验室开创的对小 RNA 和嗅觉机理的初期研究，都有在将来达到诺贝尔奖高度的可能。霍维茨培养了许多出色的科学家，他的直接和间接的学生遍布美国主要大学和研究机构，也有在欧洲和中国台湾地区的，其中华裔的包括北京大学毕业的韩珉和金亦石、复旦大学毕业的袁均英、中国科技大学毕业的薛定和台湾大学的吴怡春等（其中袁均英和薛定研究细胞凋亡）。

二、埃尔利希“神奇的子弹”

充沛的体力、绝对的执着、训练有素的直觉和毅力，似乎是科学家生命中的决定性因素，尽管他们也曾遭遇过危险和失望。20 世纪初期的德国，有许多研究天才。“天才”一词在德语里有着特别的寓意，甚至带有一点恶魔的气息，有一种神秘的力量和能量；一个天才——无论是艺术家还是科学家——都被认为拥有一个特定的弱点，一种不稳定性，他们的生活常常伴随着危险并且总是和一些麻烦纠缠不清。恰恰是同一时代，托马斯·曼开始了他终身对艺术家弱点的分析。艺术家和科学家有某种相似性。有人注意到，埃尔利希身上就有许多艺术家的特性。但科学家和艺术家之间也存在许多差异：艺术家通常是离群索居的，生活在一种持续危险的环境之中；而科学家却恰恰相反，必须有一批志同道合的同事和一个机构。只不过是由于人性的弱点，同事之间常常会因为名利问题发生摩擦，在特殊时期，朋友之间也会因为观点和信仰的不同而分道扬镳。法西斯上台以后的德国就出现了这样的问题，一大批犹太人亡命天涯，而另一些知名人物却成为纳粹的帮凶。

埃尔利希这一辈人正好站在一个科学飞速发展时代的门口，他用自己的成就证明了单个研究者有时也可以作出伟大的贡献，他正是德国第二个天才时代伟大的一员，和另外两名犹太人爱因斯坦与哈伯同样为那个时代锦上添花，成为第二个天才时代的三位杰出代表，极大地丰富了自己的民族文化，同时也提高了德国在国际上的声望。

埃尔利希于 1854 年出生于布雷斯劳一个富裕的犹太人家庭。他对科学的兴趣主要受到他母亲的表弟、著名病理学家魏格特的影响，他对连接化学、生物学和医学之间的纽带有一种直觉的把握。当他 11 岁的时候，就请过当地的一位药剂师给他配制一张他自己开的咳嗽药处方。他先后在 3 所大学学习过医学，最后博士毕业于莱比锡大学，虽然他反对严格的考试，并不喜欢临床医学。他在布雷斯劳大学上学时，科赫就断言，他会是一位有希望的科学家，但永远不会通过医院严格的考试。可后来他还是成为柏林仁济医院的高级住院医生。[①]当然，他的道路不是一帆风顺的。他是一个独特的人：虽然是一位医生，但不愿参加临床实践；尽管是一名研究者，却没有一点教学的热情。也许是受巴斯德研发狂

① 〔美〕L · 玛格纳：《生命科学史——德国科学家的兴衰》，北京：百花文艺出版社，2002 年，第 386 页。

犬疫苗的启发，他对人体的自然免疫能力非常着迷，并最终发明了化学疗法。事实上，“化学疗法”这个词就是他的创造。而他的成功，多亏了当时三位杰出人物的支持，是他们使他有机会展示自己的才华。

1878 年，曾担任过俾斯麦私人医生的内科专家弗雷里希斯慧眼识珠，把年轻的埃尔利希带到了柏林有名的夏里特医院，并支持他全身心投入于自己的研究。当时，埃尔利希以严谨认真、矢志不渝、热情满怀、高度专注以及不为琐事分心的高素质而著称。1882 年，科赫发表了《论肺结核》的演讲。在这次演讲中，他公布了自己的研究发现，即易感染的肺结核病是由杆状结核菌引起的。埃尔利希后来写道：“在场的所有人都深受震动，对我来说，那个晚上作为我一生最伟大的科学事件一直深深地印在我的脑海里。”不久，他提出了一种改进着色结核杆菌的办法——同时他和科赫也成了好朋友。[①]事实上，在他早期的研究生涯中，弗雷里希斯和科赫起了重要的推动作用和榜样作用。

1885 年 3 月，弗雷里希斯突然逝世，他的继任者将埃尔利希调到临床部门——这无疑是以牺牲他的研究为代价的。多亏他新婚妻子的爱和理解，给他带来了巨大

① 〔美〕弗里茨·斯特恩：《爱因斯坦恩怨史——德国科学家的兴衰》，上海：上海科教出版社，2004 年，第 10 页。

的安慰。1890 年，科赫宣称自己已经成功研制出结核菌素。含有从结核杆菌中提取物质的无菌液体，可以用于肺结核的诊断和治疗。这一得到全世界欢呼的成功，促使德国于 1892 年建立了一所国立传染病研究所，人们认为这是全球药品竞争的大势所趋。同年，俾斯麦的银行家布莱希罗特匿名赞助了一笔百万马克的资金，条件是患者要接受科赫的疗法。1892 年，埃尔利希接受科赫邀请成为该研究所的副教授。

从那时起，埃尔利希就和贝林成为同事，他们一起寻求治疗白喉病的方法。但他们两人的性格迥异：贝林喜欢一个人说了算，爱争吵；埃尔利希显得软弱，但却十分固执，常常保持沉默甚至孤身独处。虽然他们的抗毒素和白喉血清试剂很快就试验成功，使数百万儿童从可怕的灾祸中解救出来，但他们的合作却非常痛苦。按埃尔利希的秘书所言，埃尔利希曾希望药厂每年给他三四万马克的利润，但贝林却在经济上占了大便宜，并将他排挤出研究所。贝林是 1901 年首届诺贝尔生理学和医学奖得主。

尽管埃尔利希和贝林的关系令人失望，但在抗毒素上的成功却引起了一位在普鲁士学术界执掌大权的人物——阿尔特霍夫的关注，阿尔特霍夫专门为他建立了一所新的血清研究与测试国家研究所，而且很快有一位犹太银行家的遗孀为他提供了一座办公楼和少量的资金。1896 年，埃尔利希作为这个研究所的所长开始了他新的生涯。虽然条件简陋，但他和同事却完成了数量惊人的工作。埃尔利希常说："我只要有一个水龙头、一盏火焰灯、一些吸水纸，就能在一个没有任何其他设备的房子内工作。"他还应该把雪茄烟和矿泉水加到所需物品的清单上，因为他实际上依赖这两样东西而生活。他的思维过程非常依赖香烟，每天抽 25 支香烟，为此常常忘记用餐。年轻的同事们都非常崇拜他。他每天要给每个人一系列"苦差事"，各种颜色的索引卡片上，写有他所给的关于这天实验的指示。如果有哪一位助手胆敢忽视卡片上的指示，他就会大发雷霆。正是由于不断的艰苦努力，他终于获得了 1908 年的诺贝尔奖，这充分肯定了他在免疫学方面的成就。此后，经过数年的研究，他又成功研制了有"神奇的子弹"之称的"洒尔佛散"，奠定了化学疗法的基础，并被第二次提名获诺贝尔奖，可惜他英年早逝。

这种"神奇的子弹"又名"606"，是因为先前的 605 种方案都无效。它的商标名称对它的成分给出了一个暗示，其中含有砷，这种成分是一种针对梅毒螺旋菌的化学治疗剂，当时是一种治疗梅毒的特效药。在世纪之交，很多人感染了梅毒，尤其是到了梅毒第三期，会出现局部麻痹，患者会在痛苦中慢慢死去。当时著名的戏剧家易卜生就在作品中对梅毒造成的悲剧有所描述，英国一位医生还把梅毒作为上帝对罪恶者的惩罚来加以称赞，告诫人们要过有道德的生活。通过埃尔利希的研究，成千上万的人从痛苦中被拯救出来。

埃尔利希本人亦有他的担忧。在 1910 年举行的全德内科医生年会上，他将 65 000 份洒尔佛散极其谨慎地免费发给同事，却带来了意想不到的后果：无数人抱怨它的副作用。这使他非常痛苦和消沉。但是，埃尔利希继续追踪治疗效果，并担心人们对它的不恰当使用。他深知“从实验室到临床的过程……伴随着巨大的艰辛并充满着危险”。1911 年年初，他给一位朋友写信说：“过去的一年对我而言着实不易，我真的感到神经紧张、身心疲惫。我还不得不说，我很可能在老了之后，甚至死了之后，都对人类卑劣的一面毫无所知，但我现在却不得不体验它。”持续的冲突对艰巨的工作计划而言无异于雪上加霜。但洒尔佛散后来被证明是成功的：埃尔利希医治了无数的患者，使他们免受致命的折磨。但过分劳累严重地影响了他的健康。1914 年，他 60 岁，那时他已有出版物 212 部。他说：“我们不是大自然的主人，只不过是大自然的学生而已。”他靠自己的直觉和人格力量努力地工作，他从不在自己毫无乐趣的领域浪费时间，他永远都用自我批评来约束自己，但是他痛恨那种来自同事之间的内讧。

埃尔利希除了对柯南道尔笔下的福尔摩斯情有独钟，但对自己的健康从来无暇顾及，即使是休假和饮食对他都是一种打扰，他是一个地地道道的工作狂。1915 年 8 月，他终于躺倒在第一次世界大战的废墟中并告别了世界。贝林在他的葬礼上称他为医学界的“世界大师”，具有“公正精神”的人格：“在我们这个为了生存而不得不进行残酷斗争的粗暴年代，你总是如此的纯洁，你的情感是如此的细腻，任何一个曾经粗暴对待你的人都会受到强烈的良心自责。”难道贝林这种迟到的良心上的自责，是一种墓前的忏悔吗？不管怎样，这个曾经既是他的对手又是他的朋友的人总算理解他了。

埃尔利希认为，成功有四种要素——金钱、耐心、技能与好运。所以，尽管他曾经遭受过一些挫折，但他一生中基本上没有什么大的不幸。作为一名犹太人，他没有逃脱反犹主义的歧视，甚至遇到了重重障碍，但一生中有三个可敬的朋友对他鼎力相助——弗雷里希斯、科赫和阿尔特霍夫。另外，反犹主义偏见所造成的反作用，成为一种成功的催化剂，更刺激了他的成功动机，促使他更加努力。

但是，与绝大多数德国犹太人一样，在战争中他是站在德意志国家这边的。他于 1914 年同普朗克、哈伯、维尔斯太特等科学家一起签署了构想拙劣的《九十三人宣言》——毫无疑问,这是他一生中最大的污点。问题是,他虽然幸免于反犹主义偏见巨大的伤害,但他的遗孀和家庭在 1938 年那个可怕的"水晶之夜"后流亡国外。

这也是德国所有犹太科学家的命运。也许是作为补偿,1989 年,德国联邦银行发行了一种 200 马克面额的钞票,票面上印有埃尔利希的头像。

三、梅契尼科夫与微妙的吞噬细胞

狩猎微生物，始终是古怪而可笑的事情。

一个没有受过正规教育的房屋管理人，第一个看到微生物；一个化学家使它们受人重视，使人们对它们产生应有的恐惧；一个乡下医生，使猎捕它们成为一种接近科学的工作；为了使婴儿的生命免受最可怕的一种微生物的毒害，一个法国人和一个德国人，不得不使解剖的豚鼠和兔子的尸体堆积如山。微生物狩猎是一个惊人的愚蠢、精微的直觉和荒唐矛盾的故事，如果那是猎捕微生物的历史，那么，我们把还在婴孩时代的微生物免疫同样也看做是科学的故事。它可以说是这门科学的创建人梅契尼科夫——一个始终在兴奋激动的研究家，而不是一个冷静的科学研究家——创造出的无比辉煌的业绩。

他忘记了自杀的计划

梅契尼科夫是1845年生于俄国的犹太人。他从小就有雄心大志，不到20岁就狂妄地说："我有热忱和才能，我天资不凡——我有雄心壮志，要做一个出类拔萃的研究家！”

上大学时，他就向教授借来一具相当模糊的当时稀有的显微镜，瞧过之后，就坐下来撰写大篇的科学论文，尽管他当时还不知道什么是科学。他逃课几个月，独自沉迷于“蛋白质结晶”的学术著作和一些有煽动性的小册子。他深夜一般不睡，要喝掉几大茶壶的茶，与他的同学们高谈无神论。等到学期考试的前几天，他就赶快突击。他有超凡的、留声机般的记忆力，每次第一名都非他莫属。

他总是不自量力，在大学期间，就向科学刊物投稿，他看过关于某种甲虫的资料后，就匆忙写这方面的文章。第二天，一翻开文章，他发现昨天肯定了的事，今天却完全不是那么一回事。于是便赶快给刊物的编辑写信：“昨天寄上的稿子，请勿发表。我发现我弄错了。”有时候他也大发雷霆，因为编辑拒绝一番热心的发现。“世上没有人赏识我！”他大叫大嚷，走进自己的房间，准备去死，悲悲切切地吹着曲子：“我若是蜗牛，我就躲进我的壳里。”

对一切生物的无限兴趣，使他忘记了自杀的打算和剧烈的头痛，但是他经常要同老师争论，这使他失去了做坚实的科学工作的机会。最后，他对钟爱他的母亲说：

“我对原生质特别有兴趣……但是俄国没有科学。”因此他急忙奔向德国的一所大学，但发现比开学早到了6周。他找到了几个在当地的俄国留学生，但他们给他白眼——他是犹太人。于是，他厌倦生活了，他动身回国，想要自杀。他的书包里有几本书，其中之一是刚出版的达尔文的著作《物种起源》。他读后就轻信了有机进化论，成了一名偏执的拥护者——进化论从此成了他的宗教，直到他创立自己新的科学宗教。

他再次忘记了自杀的计划，并计划奇特的进化研究。在夜里，他躺在床上，看到种种幻象——小从蟑螂大到大象的图景，一切兽类都是远古的无限小的一个小祖宗的子子孙孙……这一转变是他科学生涯的真正开端，因为现在他争论着，劝告着，开始从一个实验室走向另一个实验室。列文虎克和科赫之所以伟大，是因为他们知道怎样向自然请教，他却不是这样，他阅读关于进化的书籍，受到了鼓舞，大喊“不错！”然后以大量粗枝大叶的实验，想把他的信仰强塞进自然的咽喉。说也奇怪，有时候他居然也是正确的。尽管当时他并不熟悉做生物实验的事情，但他始终如一地执迷于力图证实适者生存的观点，这却驱使他发现人类怎样抵抗病菌进攻这个怪异的———部分是真实的理论。

梅契尼科夫一生的前35年，是在乱叫乱喊、险遭不测的摸索中度过的。他 23 岁时就与勒德米拉结婚了，她患着病，是坐着病人坐椅被抬去举行婚礼的。此后他们过了辛酸的 4 年，整日跋涉欧洲遍求医疗。梅契尼科夫还在百忙中做青蝇、蠕虫、蝎子和海绵的发育实验。他特别想获得一种惊人的发现，借此得到一个薪俸优厚的教授职位。“能生存的不是优良者，而是最狡猾者。”他在发表科学论文和想方设法谋求优缺时，暗中自语……

他妻子死了。病重时用吗啡麻醉，后来他也染上了这个恶习。同时，他的眼睛痛得厉害，“还活什么？”他叫喊着，服用了他明知足以送命的大量吗啡，谁知分量过多了但一阵呕吐全吐了出来。“还活什么？”他愤怒地说，洗了一个热水浴，一出浴缸就奔到露天，想借此得肺炎而死。但是制造研究家的聪明的众神，将降大任于他。这天夜晚，他站着，呆呆地看着围绕一盏灯笼飞舞的无数昆虫。“这些昆虫只活了几小时！”他自言自语，“适者生存论怎能应用于它们呢？”于是他回身埋头于实验。

他非常悲伤，并持续了两年。当他成为一所大学的教授、教适者生存论、以博学而受人尊敬、逐渐位高望重时，他认识了 15 岁的聪明的少女奥尔加，并与她结婚了。

此后，他的生活比较美满，不太想自杀了，他的双手开始跟得上他早熟的头脑——钻研实验之道，真心诚意地研究他的科学。他管教奥尔加，教她艺术和科学，甚至教她结婚的艺术和科学。她敬仰科学给他的渊博学识，但在多年后，她说："梅契尼科夫应用于万事的科学方法，在这个微妙的关键系于心理上的适当瞬间的应用，是大错特错的……"

"我突然成为一个病理学家"

1883 年，正当巴斯德和科赫的发现使大家对微生物像着了魔似的，梅契尼科夫也突然从自然学家一变而成为微生物猎人。他同他执教的大学当局发生了争吵，于是带着有钱的妻子和一家人来到西西里岛，并在他安家的海边别墅布置起他的业余实验室。他在自已兼作实验室的起居堂顿着脚走来走去，对妻子大讲生物理论，尽管他对微生物捕猎还一窍不通。后来有一天，他开始研究海星和海绵消化食物的方法。好久以前，他已窥探出这些动物体内的奇怪细胞。这种细胞是它们身体的一部分，不过这种细胞可以说是自由自在的，它们构成一部分躯体，并通过躯体从一个地方移动到另一个地方，伸出它们之中的一部分，其余部分填补到已经伸了出去的那个地方。这种细胞就是游走细胞，它们以流动而行动，恰像那种小小的变形虫一样。

梅契尼科夫在起居桌前坐下。有一种人的双手总好像服从不了脑子，他的手就是这样。他的手不够灵巧而又缺乏耐心，但总算把一些洋红色的细粒放进了一只海星幼体内。这是他极为独创的妙计，因为海星幼体透明得如同一扇明净的玻璃窗，因此他能通过透镜看清楚这种动物体内发生的一切。他兴高采烈地看着那些流动着的自由自在的细胞，在海星滑腻腻的体内，趋向洋红色的细粒并把它们吃掉了！梅契尼科夫还以为他在研究海星的消化，实际上一个奇怪的思想——与消化这种日常事毫无关系的想法——一种新念头的模糊的精灵，已在他头脑里飞舞……

次日，他独坐起居室，掀掀他基督式的胡子，呆呆地视而不见地望着放海星的缸。突然，像电光一闪，转眼在最不可思议的，你会说是绝不可能的一霎中，他发现了新大陆。

在海星幼体内的这些游走细胞吃食物，他们吞下洋红的细粒，但它们也一定吃掉微生物！这种游走细胞，就是保护海星免受微生物侵犯的东西！我们的游走细胞，我们血液中的白细胞——保护我们不受病菌侵犯的一定是它们……它们就是对疾病免疫的原因……使人类不受恶性杆菌杀戮的就是它们!

没有丝毫证据，没有研究一下，他就从海星的消化一下子跳到了人的疾病……

他在日记中写道："我突然成为一个病理学家……因为觉得这个想法有某些非常有意思的地方，我兴奋地在房间里走来走去，甚至到海边去清醒清醒我的头脑。"

此时，这个不顾一切的犹太人，丝毫不在乎自己对细菌的一无所知。

"我对自己说，如果我的理论是真的，那么拿一支细木片刺进海星幼体内，就应该马上有游走细胞围住它……"他想起当人们的手指戳进了刺，又没有把它们拔掉，不久四面就有了脓——脓的大部分就是我们血液里游走的白细胞。他跑到别墅后面的园子里，在他为妻子的弟妹们布置的圣诞树的一株小小灌木上，拔下了一些玫瑰刺，跑到他那个可笑的实验室，把这些刺戳进一个清澄如水的小海星体内……

次日天刚亮他就起床，满脑子胡思乱想——他发现不出自己所料，在海星体内，围绕着玫瑰刺周围的，是一堆懒洋洋地爬着的海星的游走细胞！用不着再要别的什么，他就肯定了自己已经有了对疾病的所有免疫的解释。当天下午他急忙出去，向正好在附近开会的欧洲名教授们说明他的卓见。"这就是动物经受得住微生物攻击的原因。”他眉飞色舞、口若悬河地大谈海星的游走细胞怎样想吃玫瑰刺，他以如此动人的事实证明它，连最有名的教授维尔荷博士也相信了！

从此，梅契尼科夫成了微生物猎人……

数千头羊死于炭疽疫苗

不久，他带着家属到了维也纳。他宣传他的理论，声称我们之所以对病菌有免疫力，是因为我们身体里的游走细胞吞下了病菌。他径直到他的朋友克劳斯教授的实验室。克劳斯教授是一位动物学家，不懂得微生物，因此大为赞叹。

“如果能在我们刊物上发表你的理论，那就不胜荣幸了。”克劳斯说。

“不过我必须给这种吞噬病菌的细胞起个科学名称——一个希腊名字。这种细胞核有一个什么希腊文名称呢？”梅契尼科夫高声说。

克劳斯和他博学的同事们搔搔头皮，查查词典，最后告诉他：“Phagocytes！这个希腊词的意义就是吞噬细胞——‘吞噬细胞’就是你称呼它们的名字！”他向他们道谢，把“吞噬细胞”这个词贴在他的桅顶上，扬帆航行于他作为微生物猎人的兴奋生涯的海洋，并把这个名词作为一种宗教，作为万事万物的说明，一句口号，一个谋生手段——而且你也许不信，这个名词后来确实成为探索我们怎样免疫的开端！从此以后，他为吞噬细胞传道说教，为它们的名誉辩护，对它们进行认真的研究，并因它们而树敌。他从维也纳到敖德萨，在那里，他向该市医生们作了一次伟大的科学讲演《论生物体的治疗力量》，使听众大为震惊。他的演讲非常出色，他的诚实无可怀疑——但是没有记录告诉我们，他是否对赞叹不已的医生们说过，直到此刻为止，他自己还未看见过一个吞噬细胞吞下过一个恶性微生物。

但是，梅契尼科夫深知他会找到真正的证据。不久，他在水蚤身上找到了它。他暂时忘记了高谈阔论，开始在池塘和养鱼缸里捉水蚤。这一回他又敏悟得出奇，因为这种小动物同海星一样，浑身透明，他可以用透镜看到它们体内发生的事情。现在他有了耐心，本来他很少有研究家的精神，现在像个真正的研究家了，他研究一只水蚤可能有的某种疾病，观察水蚤无目的的日常生活。突然之间，他经透镜看到了有一只水蚤竟吞下一种恶性酵母尖利如针的芽孢。这些针进了微细的食管，它们的尖头穿过水蚤的胃壁，滑入这个小动物的体内。之后，他看见水蚤的游走细胞，就是它的吞噬细胞，流向这些有害的针，团团围住它们，吃它们，溶解它们，消化它们……

这种现象经常出现，因而使他的理论逐渐完善——吞噬细胞不出来对这些致命的酵母针作战时，进犯者就立即芽生为大群酵母，反过来轮到它们吃水蚤，使它中毒。在这里，他偷看到一种小规模的动人的生死搏斗，他窥探到迄今为止仍完全神秘的事情：某些生物为保卫自己，抵抗意在杀害它们的刺客。他的观察极其真实，有谁会想到在人所不齿的动物如水蚤身上去研究免疫的原因？现在，他不再需要什么证据，就已深信他的理论是绝对而决定性地正确了，他不再深入钻研这种生死斗争，就写了一篇学术论文：

水蚤由于它的吞噬细胞而获得的免疫，是自然免疫的一例……因为游走细胞倘若不在酵母芽孢侵入体内时将其吞下，酵母芽孢就会分泌毒素，这不仅使吞噬细胞后退，而且完全溶解它们，使它们死亡。

他还想进一步看看这种斗争是否也在青蛙和兔子身上进行，但在 1886 年，俄罗斯人民为巴斯德保全了 16 个被疯狼狗咬了的同胞的性命一事而兴奋异常。许多人都歌颂巴斯德，并大量捐款，立刻兴建一个实验所。梅契尼科夫被任命为这个研究所的科学主任——

因为这个人（他们一定忘了他是犹太人）不是在欧洲各大学研究过，向许多医生作过博学的讲演，讲述血液里的吞吃微生物的吞噬细胞吗？于是他接受了任命。不过他精明得很，先向当局言明：“我只是一个理论家，我为研究工作忙不过来——要训练其他人制造疫苗，做实际工作。”

当时当地没有一个人懂得一点猎捕微生物的事情，于是梅契尼科夫的一位朋友立即被派往巴黎的巴斯德研究所学习。人们急于预防疾病，吵着要疫苗。所以，还没有学到家的那位进修者很快回来了，并着手为当地的羊制造炭疽疫苗，为城市居民制造狂犬病疫苗。“现在应该万事顺利！”梅契尼科夫（对毒性微生物能玩的鬼把戏一窍不通）退到他的理论堡垒，研究兔子、狗和猴，想知道它们的吞噬细胞会不会吞吃结核病、回归热和丹毒的微生物。科学论文从他的实验室源源而来，欧洲的研究家开始为这位犹太奇才的发现而轰动。但他发现自己的理论出了问题，因为狗、兔和猴不像水蚤那样浑身透明……

接着是乱成一团。他的那位实际工作人员和同事们吵起了架，疫苗混杂了；微生物流出了试管。该市的医生——对于这种医疗新方法自然有点嫉妒——开始来实验室打听询问，提出难以解答的恼人问题，市里人们窃窃私语："这个梅契尼科夫算老几——他连医生执照也没有，他不过是个自然科学家，区区细菌猎人罢了——他怎么懂得预防疾病？""治疗法在哪里？"人们在要求。"给我们预防！"农民们在大叫。梅契尼科夫暂时离开他的吞噬细胞学说的云雾，力图使他们满意。办法是在吃掉五谷的田鼠间撒下鸡霍乱杆菌以灭鼠。但是不幸得很，蛊惑人心的谣言出现在报纸上，大叫他在散播死亡——说鸡霍乱会变成人霍乱……

"我为我的研究忙得要命，"梅契尼科夫喃喃地说，"我是一个理论家——我的研究所需要一个安静场所来发展……"于是他请了长假，并整理好行装，去出席维也纳举行的会议，把吞噬细胞的事告诉大家，同时他想找一个清静的地方工作。他必须躲开那种可怕的要求：为证明他的理论正确，就必须向坚决要求从研究中得到金钱好处的急性子的当局和农民，端出治疗药物来。他从维也纳前往巴黎的巴斯德研究所，在那里，有一个伟大的胜利和惊人之举在等待着他。他被介绍给巴斯德，他立即畅谈他的理论。微生物猎人中的老将看看他，虽然老将的灰色眼睛已有倦意，但偶尔会闪出一点光芒。他说："梅契尼科夫教授，我与你所见略同。我曾观察到的种种微生物间的斗争，使我深有所感。我相信你走的是正路。"

虽然巴斯德提到的斗争，同吞噬细胞吞掉微生物毫不相干，他却已得意洋洋。最大的微生物猎人真正了解他，相信他……他的岳父已经去世，留下一点遗产，在巴黎，他的吞噬细胞学说有一个伟大研究所作为后盾，应当增加声价。“这里有没有给我的位置？”他问，“我只希望在你的实验室里工作，当个名誉职工。”梅契尼科夫请求道。巴斯德知道，使平常人对微生物猎获不断感到惊心动魄，是非常重要的——他们能理解的是科学的戏剧性——因此巴斯德非常痛苦地答应了他的要求，并给他一个单独的实验室。

正当他为放弃优厚的薪金稍有犹豫时，他的实验助手给他拍来一个可怕的电报：

数千头羊死于炭疽疫苗。

这样，他别无选择。几个月后，他带着妻子安然在巴斯德的研究所安身。此后，他和妻子手挽着手，在一条撒着种种传奇式错误的道路上迈步前进，从一个胜利走向更大的胜利和声名狼藉。

他跌跌撞撞地大步前进

梅契尼科夫闯进了庄严的巴斯德研究所，在这里表演杂技，历时 20 年。他很像一个有手段的医药展览会的经理人，做了严肃的教友会的布道牧师。他到了巴黎，发现自己已有了名声。他的免疫理论——与其说是理论，不如叫作令人兴奋的传奇——说我们之所以免疫，是由于我们的吞噬细胞在与蹂躏人畜的微生物进行着生死搏斗，它已经使欧洲的研究者为之哗然。德国和奥地利的很多微生物专家不相信这个故事，于是许多人写文章批判他。他一时间动摇了，几乎晕倒，而且夜夜失眠，并想到了再服用吗啡麻醉或自杀！但是，他那倔强的意志，使他又变得像狮子那样勇敢，为什么不可以用事实来说明自己的理论呢？

“我已经证明老鼠血清能杀死炭疽杆菌——使动物对微生物免疫的是它们的血，不是它们的吞噬细胞。”一位科学家大喊，许多人同声附和。

“吃掉细菌因而保护我们的是吞噬细胞。”梅契尼科夫怒声回答。他以非凡的实验结果，证明炭疽疫苗在羊血中繁殖兴旺，而这血，原本是已经用巴斯德的疫苗免疫过的。

双方都不肯从极端的固执己见的地位退让一步。20年之久，双方都怒火冲天，以至于不能冷静下来想一想，也许我们的血和我们的吞噬细胞两者合作使我们免受病菌之害。双方的战斗是一种堂而皇之但有失尊严的叫喊："你是一个说谎者！""恰好相反，说谎的是你！"这使他和对手都想不到一点：我们抵抗某种疾病，归根到底，可能既不是由于血，也不是由于吞噬细胞。可惜他们不肯暂停片刻，清一清头脑，洗干净心智上的鼻血，他们应该一步步地走——考虑到这血和那些吞噬细胞是多么微妙复杂的东西。但他们不想想，在他们无知的黑暗中，居然想杜撰任何理由来解释我们为什么免疫，是多么愚蠢！可惜梅契尼科夫这样一位大将，不安心于踏踏实实和默默无闻地细心研究……他没有耐心，不致力于寻根究底！

但是，微生物猎人跌跌撞撞地大步前进，并不是由于任何完整的逻辑，而是在黑暗中慢慢地摸索。

当巴斯德进行伟大的研究时，对一切出于好奇的不速之客和野心家毫不客气，甚至把崇拜他的漂亮的太太小姐们都撵出去，而梅契尼科夫则截然不同，他有一把给人留下深刻印象的胡子，一个宽阔的前额，眼镜后面有一双灵活而且有智慧的眼睛。他的头发长得下垂到脖子后面，好像告诉你他太陷于思考而想不到剪一下。他是无所不知的！他能说出——这是确实的——无数生物学的神秘事情；他曾看见过蝌蚪的吞噬细胞吃掉它的尾巴而使它变为青蛙；他在蝎子周围造成一个火圈，以表明这些不幸的动物在无路可逃时，并不刺痛自己到死以自杀了事。他把这些可怕的事情讲得有声有色，使你好像看到游走细胞不饶人的流动和吞噬——你还可以听到注定要死、无路可走的蝎子的嘶嘶声……

他有卓越的实验设想，而且总想付诸实施。但不论什么时候，他都可以放下科学，赞美莫扎特的歌剧，口吹贝多芬的交响曲，有时候看来，他对歌德的戏剧和爱情，比对他的整个声望所系的吞噬细胞显得更加博学多识。他对小人物不摆架子；他愿意见任何人，准备相信任何事——他甚至尝试用江湖医生的假药医治垂死的豚鼠。他也是一个仁慈亲切的人。当他的朋友生病时，他送去许多精美食品，开导病人；在病人的枕头上滴下真诚的眼泪——因此有人给甩了一个绰号："梅契尼科夫妈妈"。他对人生的男女私情的本能和必要的见解，与一般科学家的见解有惊人的不同："艺术的天才以及大概各种各样的天才都与性活动有密切关系，这是真理。……例如一个演说家在他所热爱的女子在场时，演讲得更好。"因而，他坚持认为当漂亮姑娘在近旁时，他的实验可以做得最好。

他在巴斯德研究所的工作室，不仅是个实验室，还是一个摄影棚，有乡村集市的各种引人之处，有大马戏团的热闹有趣。所以，全欧洲有志于学习捕猎微生物的年轻医生纷至沓来投身于他门下，又有什么奇怪呢？他们的头脑，响应这位是催眠术者的大研究家，他们的手指，迅速完成成千上万的实验，实验那些不断从他的头脑里喷出来的想法。在他的实验室里，一百个人一条心，一百个头脑一个思想——要写一部血液里的那些微小的、圆圆的、无色的游走细胞的史诗，这些细胞远远嗅到杀人微生物的到来，溯血液的流向而游来，很奇怪地钻进血管壁，同细胞大战，使我们免于死亡。那些英勇日子里的伟大的医学大会，是热烈辩论微生物和免疫的会议，在会议前几星期，他的实验室里忙碌异常。他大声叫喊："我们必须赶快，做好支持我的主张必需的实验！"崇拜他的助手们于是每夜少睡两小时；他也卷起袖子，拿起注射器。新出生的独角犀牛、甲虫、绿蛙等，由流着汗的助手从动物房里拿来（有时为捉鲈鱼等还得排干水塘）。然后这个疯狂的哲学家亲自动手做实验。他眼睛发亮，宽阔的脸通红，好像胡子下面有火在燃烧。他的兴奋和诗人气质的动作，使唇上的胡子溅满杆菌。

他的头脑总是在编造一些关于自然的故事，这些故事在实验室中常常成为事实，你不能不为此啧啧称奇。有一位德国人宣称："梅契尼科夫的理论毫无意义。人人都知道你可以看到微生物在吞噬细胞内部——它们被吞噬细胞吞噬下去是无疑的。但这些游走细胞不是防守者，它们不过是清道夫——它们只吞死微生物！"1891年在伦敦举行的医学家大会迫近了，梅契尼科夫大声吩咐抓几只豚鼠来，给它们接种一种类似霍乱杆菌的细菌。然后在一星期左右之后，他又拿着活的，危险的芽孢杆菌，注射到接种过的动物的腹部。在此后的几个小时里，他每隔几分钟就把那一枚细玻璃管捅进它们的肚子，汲出几滴液体，放在不太干净的显微镜透镜面前，看着免疫动物的吞噬细胞是否在吃掉杆菌。妙呀！这些圆圆的、爬行的细胞塞满了微生物！他喊了出来："现在我将证明这些在吞噬细胞里面的微生物仍然是活着的！"他杀死这只豚鼠，剖开它，再用另一枚小玻璃管取一些带灰色的游走细胞的粘液，它们是聚集在动物体内吃微生物的。你想使它们在动物体外生存时，它们是极为孱弱的——这些吞噬细胞死了，破裂开来，它们先前吞下去的活的微生物跑了出来！他拿这些曾被吞下去的微生物给未经免疫的豚鼠注射时，它们立即被微生物杀害了。

多次卓越的实验，迫使他的对手承认：吞噬细胞有时候能够吃下恶毒的微生物。但是他可怜地浪费了自己的生命，因为他始终只为维护一个观念做实验，而不是寻找隐藏于其中的自然的真理。他的实验是怪异的，它们常常引人入胜，但是如此之造作，如此之远离这个要点：使我们免疫的究竟是什么。你会以为，他看来能容纳一切知识的头脑，会想出一种奇妙的试验，找出究竟是什么原因，使一个孩子能够与肺病病人接触而从不染上肺病，而另一个在处处小心翼翼讲卫生的环境中养育大的女孩子，却在 20 岁死于肺病。那是免疫的谜（而现在也还是一个谜！）。“啊！这无疑是由于她的吞噬细胞不起作用！”他会这样振振有词地说，然后他可能急忙去证明一条鳄鱼的吞噬细胞吃下了伤害杆菌——其实鳄鱼从不会把这种病菌放在心上——以吓唬某一对手。

他的助手们对他的忠心耿耿是令人吃惊的。他们愿意听命服下致命的霍乱杆菌（甚至一个有灵感的漂亮姑娘也这样做了），以证明血与我们的霍乱免疫完全没有关系。多年来——他自己也说这是他的疯狂行动——他拿他的研究室的“奴隶们”的生命当玩物，唯一可以原谅他的一点，是他完全准备与他们同冒死亡的危险——他吞下去的霍乱杆菌比谁都多。在这种危险的实验中，他的一个助手患了严重的真性亚洲霍乱，这使他懊悔到了极点。于是好妻子奥尔加必须日夜提防她有名的丈夫自杀（他几次想自杀而没有成功）。在这些奇怪的实验结束后，他拿针戳进幸存者的手臂，抽出血来，并得意地发现这血并没有保卫豚鼠不死于致命的霍乱菌。他对于说血有什么重要性的主张真是恨透了！他写道："霍乱给我们又一个例子：一种疾病的治愈，不能拿血液的防护性质来解释。"

19 世纪末，传奇式的微生物狩猎开始成为正规的专业，有稳步前进循规蹈矩的年轻医生参加进来。他们既非预言者，也不是任性妄为的研究者——在这些日子里，梅契尼科夫同不相信他的人们之间的鏖战缓和下来了。他得到奖章和奖金，当他昂然步入某些大会会场时，连德国人也鼓掌并表示敬意。上千名研究者窥见了吞噬细胞正在吞噬有害细菌的行动，虽然这并没有解释究竟张三为什么因肺炎杆菌侵入而丧命，而李四却只出了一身汗就复原了。尽管如此，无可怀疑的是，肺炎杆菌有时候是被吞噬细胞吃了，因而被消除了。所以，他虽然惊人地不合逻辑，不能容人，直冲猛进，但他的确发现了一个也许使苦难的人类生活得轻松一些的事实。因为说不定有一天，还会出现一个天才，来证明他留下的疑难问题。

名声使他觉得活在世上真有乐趣

他终于真正快乐起来了。他的一部分对手信服了，一部分不再同他争论，因为觉得争也没有用——他比他们更能不倦地实验，更能滔滔不绝地议论，更能大声地规劝别人。于是在 20 世纪初，梅契尼科夫坐下来写了一部大作，畅论他所发现的一切有关我们免疫的原因。这是一部巨著，需要花一生时间才写得出来。这书的风格，使讲究文体的法国小说家也自愧弗如。他把成千上万的事实，件件写得活灵活现，件件巧妙地加以矫揉造作，以证明他的论点。这是一部有无数主角——地球上所有动物的游走细胞即吞噬细胞——的奇特的长篇小说。

名声使他觉得活在世上真有乐趣。20 年前，他厌恶人类、为自己抱屈、憎恨人生时，曾对妻子说过："生儿育女是犯罪作恶——人不应该有意地传宗接代。"但现在他享受到了生存的乐趣，他给住在附近的儿童糖果吃时，儿童们叫他"圣诞老公公"。"乐哉人生！"他告诉自己。但怎样长生呢？现在岁月如流水而逝了。当然只有一个办法——靠科学！

他写道："疾病只是一支插曲而已！治疗是不够的……必须找出什么是人类的命运，为什么正当他的生存欲望最强的时候，他非衰老和死亡不可。"于是，他丢下他的吞噬细胞的工作，着手建立异想天开的科学，以解释人的命运，以避免这个命运。他给他的研究起了一个响亮的名称"老年学"，死亡科学则名为"死亡学"。

它们是多么令人望而生畏的科学！想法是乐观的。他的观察是这样不精确，如果列文虎克地下有知，一定会转过身去。他用来支持这些科学的实验，将会使巴斯德怒不可遏，深情欢迎这个怪异的犹太人进他的实验所。然而——然而——预防最可怕的微生物疾病的方法之一，却的确出于这些科学……

梅契尼科夫视死亡如洪水猛兽，但他明知他和一切人都非死不可——于是他萌生出来一个死得舒服的希望（其中没有分毫科学在内）。在他如饥似渴的阅读中，碰巧读到了两个老太太的记事，她们老得不想再活下去了——她们只想死，正如我们辛苦工作了一天之后只想睡觉。“哈！”梅契尼科夫高兴地叫喊起来，“这说明人有求死的本能，正如有想睡觉的本能！要做的事情是找出一种办法来，使人在健康状态中活一个够，直活到真巴不得死了为止！”

于是他开始寻找更多的这样幸运的老太太，他访问老太太的家，他奔来跑去询问老婆婆，她们的牙齿掉光，耳朵聋得听不见他问什么。他从巴黎前往卢昂去访问（据报纸传闻）一个据报道年纪 106 岁的老太太。但是不巧得很，他访问过的那些老人，个个都想再活 100 岁，他没找到一个像那两位传闻中的老太太。尽管如此，他还是大喊：“有一种死亡本能！”矛盾的事实从不使他烦恼。

他研究动物的年老，常有人送他白发苍苍的老狗，老态龙钟的老猫。他发表了一篇郑重的研究论文，论一只衰老的鹦鹉为什么可以活到70岁。他有一只老公龟，住在他的花园里，当这个可敬的老东西——在86岁的高龄——同两只母龟交配而做了一窝小龟的爸爸时，梅契尼科夫大喜。他深怕爱情之乐会消逝，想到他的乌龟就大声说道：“衰老并不是我们所想象的那样根深蒂固！”

但是返老还童吗？衰老的起因是什么？斯堪的纳维亚的一位科学家，对动脉硬化作过深入的研究——他认为动脉硬化是衰老的原因，而造成动脉硬化的原因多种多样，其中包括饮酒、梅毒和某种其他疾病。

“一个人的衰老正如他的动脉，这话确实不错。”梅契尼科夫喃喃自语，他决心研究那些使动脉硬化的原因。1903年，他刚得到5 000法郎奖金，而鲁——他虽与梅契尼科夫截然不同，更确实是个研究家，却始终忠于这个不羁的梅契尼科夫——获得10万法郎的大俄赛利斯奖金。在做科学工作上，两个人的方法大不相同，但在挥金如土上，两个人却完全一样。他们共同决定用掉这两笔钱——再加上梅契尼科夫用甜言蜜语从某些俄国富翁处要来的3万法郎——研究这个花柳病如何使动脉硬化。他想使猩猩染上这种病，以发现这种在当时神秘的病毒，预防它，如果可能则治疗它。

他们用这笔钱购买猩猩。在刚果的法国总督，派黑人去丛林中捕捉。巴斯德研究所的大房间里，不久就迎来了吼叫着的黑猩猩和猩猩，声音最响的却是吓坏了的印度圣猴的尖叫声，还有相貌滑稽的小小食蟹猕猴的叫声。

鲁和梅契尼科夫很快有了一个重要的发现。他们的实验是巧妙的，他们有某种紧张和清晰，说也奇怪，这是梅契尼科夫前所未有的。他们的实验室，成了染上梅毒的不幸者常去的地方。他们从这些人中抽取病毒给一只猩猩接种——初次实验就获得了成功。这只猩猩生了这种病。他们辛苦工作了 4 年之久，把这种病从一只猩猩传给另一只，寻找偷偷潜入猿体的纤弱的微生物，但是没有发现。他们想找出一种方法来削弱病毒——像巴斯德对未明究竟的狂犬病病菌所做的那样——为的是发现一种预防菌苗。他们的猴子得了肺炎和肺病惨死，有的逃跑了。梅契尼科夫在不太熟练地把可怕的毒素擦入猿猴体内时，它们咬他、抓他作为回敬。于是梅契尼科夫做了一个奇特而聪明的实验：他把一点梅毒的毒擦进一只猩猩的耳朵里，24 小时后割下这只耳朵！这猩猩没有在它身体的其他部分显示这种病的任何症候……

梅契尼科夫大声说道：“这就说明病菌在它进入身体的那个地点要逗留好多小时。现在，因为我们确切知道病毒是在哪个地方进入人体的，我们也许可以在它扩散之前加以消灭，因为我们也知道它是什么时刻进去的！”

于是，梅契尼科夫和鲁小心而且坚决主张做好核实的实验。在关于为什么在免疫这一问题上高谈阔论一大套之后，终于完成了所有狩猎微生物实验中最切合实际的实验之一。他安下心来，发明了有名的甘汞油膏——现在使全世界陆海军人免染梅毒的油膏。他用取自一个病人的新鲜梅毒给两只猩猩接种，在一小时后，他拿发灰色的油膏擦到接种的地方，只擦两只猩猩中的一只。他看到未擦油膏的一只，出现这种病的可怕症候，而擦过油膏的一只，什么病症也没有。

接着，他奇怪的疯狂症，最后一次发作了。他忘记了他的宣誓和赌咒，而诱使一个年轻医生自愿擦上取自一个病人的梅毒。在一个由法国最著名的医学家组成的委员会面前，这个勇敢的医生被划了6条长口子，眼看着危险的病毒由此而入。这是一种比无意染上疾病更为严重的接种，结果很可能使他成为被人唾弃的丑类，很可能疯狂而死……医生等候了一小时，然后他信心十足，在伤处涂上甘汞油膏，但同时接种的一只黑猩猩和一只猴子没有涂擦。非常成功，这位医生没有出现一点丑恶的溃疡症候，而猩猩，一个月后生了梅毒——足见是无可怀疑的了。

道学家——你要知道，他们当中有许多医生——对梅契尼科夫的这些实验大加反对。他们说 :“广泛传播这样一种简便完好的预防方法,将使不道德的人不受惩罚。”但是他回答道 :“有人反对防止此病的流行，说是不道德的。但是既然一切借道德预防的方法，都没有防止梅毒的大为流行而且传染给无辜者，那么阻止使用我们已有的战胜这种病疫的有效方法，才是不道德的事情。”

他在设想、摸索、梦想可能引起动脉硬化的其他事物时，突然间发现了另一种原因——自动中毒，来自我们大肠中的野性的腐败的杆菌。“那一定是动脉硬化的一个原因，那就是促使我们这么快衰老的原因！”他大声说。他设计化学实验——可怕的实验——借以判明身体是否中了大肠中杆菌的毒。他说 :“只要我们没有大肠，我们就会长寿得多，在记录中的确有两个人，他们割掉了大肠，却活得好好的。”说也奇怪，他倒没有劝说大家都割去大肠，但他却在想方设法使大肠里的“野性的杆菌”感到不舒服。

他的理论是一种怪论，引起人们的嘲笑，于是他又招来了麻烦。有人写信给他，提醒他说，大象有巨大的大肠而能活到 100 岁 ；人类虽有大肠，却是地球上最长寿的动物之一。他大发不太高雅的议论，阐明进化为什么容许动物保留大肠，然后他突然灵机一动，想出了治疗自动中毒的良方妙法。据说保加利亚有些乡村，那里的很多居民活到100多岁。他并不亲自前往弄个明白——他就是相信所传不虚。这些老人主要吃酸牛奶过日子，故事这么说。“啊！道理就在这里。”他喃喃自语。他叫实验室里的年轻人研究使牛奶发酵的微生物——不久，徒有虚名的保加利亚杆菌，进入了专卖药的队伍。

他解释道：“吃了这种细菌制造的酸牛奶，大肠中野性的毒性杆菌将会被逐出。”他自己大喝酸牛奶，后来，他本人服用保加利亚杆菌培养体。他写了几本大书，畅论他的新理论，一家严肃的英国刊物，称它们是达尔文的《物种起源》以后最重要的科学论著。保加利亚杆菌畅销风行，制造厂成立起来，资本家靠出售这种荒唐可笑的杆菌发财致富。梅契尼科夫让他们用他的大名作商标，并不拿一分钱。

几乎有20年之久，他遵照自己新理论的一词一句生活，一丝不苟。他既不喝酒，也不吸烟。他不许自己过放纵的生活，经常请名医检查身体。他的面包要面包店装在分别消过毒的纸袋里送来，以免有野性的毒害人体的细菌。他经常检查他的种种液体和大便小便。在这些年月里，他喝下不知多少加仑的酸牛奶，吞下几十亿延年益寿的保加利亚杆菌……

四、青霉素与链霉素的发明

1900年，由于一种结核菌的肆虐，仅在英国，就有53 000多人死亡；第一次世界大战期间，大约有数百万的士兵不是死于炮火和枪弹，而是因为感染了一种叫“伤寒”的细菌而不治身亡，战争环境的残酷、肮脏，饮食不卫生，是致命细菌入侵的最主要途径。1918年，就在这场战争结束的前夜，一场席卷了整个欧洲大陆的流行性感冒——由一种十分厉害的病菌引起的病症——夺走了2 000多万人的生命。直到60多年前，我们仍能看到这样的情形：医院里人满为患，无论是儿童还是青年，无论是男人还是女人，他们有的是产妇死于分娩，有的是婴儿出生不久便夭折，有的是喉咙、骨、骨髓、脑部受感染而死亡，儿童因患上猩红热，成年人因伤口感染扩散，即使有时不慎被针扎伤，只要是被污染了，极容易被知名或不知名的细菌入侵，而医生们则大多束手无策，只有悲痛和无奈。①

如果不是着迷于和细菌打交道，弗莱明医生在外科

① 哈呆等：《改变人类历史的科学家》，北京：经济日报出版社，2002年，第288页。

方面的高明医术可能让他过上另一种日子，比如开一个自家的诊所，不用东奔西走，生活安定、富足而舒适。但是因为迷醉于实验室的器皿之间，弗莱明一直到 34 岁才结婚，而他日复一日观察到的伟大发现是他 47 岁才获得的。至于青霉素作为一种广为人知的神奇之药，轰动整个世界，已是他花甲之年的事了。

“机会只青睐有准备的头脑。”用巴斯德的这句名言来形容弗莱明偶然发现青霉素是再恰当不过了。他的头脑当然是有准备的。1921 年在对鼻腔黏液进行细菌培养时，他就发现了一种可以分解细菌的类似物质，他将其称为“溶菌酶”。但当时无法对它进行提纯用于临床治疗，而且拿它对付致病菌也并无特效。

1928 年，弗莱明注意到葡萄球菌在一种偶然被青霉菌液化酶所感染的细菌培养介质上无法生长。这种霉菌群落周围的病菌透明，呈水状。很显然，这种霉菌产生的某种物质对于病菌具有毒性；弗莱明将这种霉菌命名为青霉素（盘尼西林）。稀释的霉菌溶液抑制了一系列病菌的滋生，例如，葡萄球菌、链球菌和肺炎球菌，而且似乎并不损伤健康组织，也未影响白细胞的免疫功能。青霉素似乎强效而且安全，但由于其难于生产而且不稳定，因此在弗莱明手中，它只能是一种实验辅助品。

澳大利亚病理学家弗洛里和德国流亡科学家恩斯

特·钱恩将青霉素转化成了抗生素。与弗莱明一样，弗洛里对溶菌酶也颇有兴趣，他证实青霉素是一种可以分解病菌细胞壁中糖链的酶，他决定研究所有已知的霉菌及其产生的可杀死其他菌类的物质。1940年，弗洛里和钱恩在一位英国化学家的帮助下获取了足量的青霉素浓缩液，将其用于动物实验。到1941年，他们已完成首批人体实验，实验结果引起了广泛关注。1941年末美国加入到第二次世界大战行列中时，他们也投身于早日实现大规模生产青霉素的竞赛中。不久以后，新的发酵方法使得这种当时最神奇的药物大量进入市场，而3位科学家弗莱明、弗洛里和钱恩共同分享了1945年度的诺贝尔生理学和医学奖。青霉素的发现是迄今为止世界医学史上最伟大的一个进步①。

在这3位伟大的科学家中，只有钱恩教授是犹太人。钱恩于1906年生于德国，父亲是俄国犹太侨民。钱恩早年在柏林的一所大学学习化学和生理学，1930—1933年在一家医院的病理学研究所工作。1933年纳粹上台后流亡英国，并入英国籍，先在剑桥大学，后在牛津大学从事教学和研究工作，先后受到著名生化学家霍普金斯和弗洛里教授的指导。1938年，他与弗洛

---

① 〔英〕彼得·泰勒克：《科学之书——影响人类历史的250项科学大发现》，济南：山东画报出版社，2004年，第308页。

里一道成功地对青霉素的分离和提纯进行了研究，并多次进行了临床试验。获得诺贝尔奖后，他先后在好几个国家的大研究所进行研究，并在蛇毒、扩散因子、胰岛素研究方面颇有建树。①

如果说青霉素的发明不能完全算在犹太人的头上，那链霉素的发明者只有瓦克斯曼一个人，而且他是一名地地道道的犹太人。1888 年，瓦克斯曼生于乌克兰，22 岁时随父母移居美国，1916 年入美国籍。到美国后才开始接受高等教育，1916 年获农业学专业硕士，1918 年获加利福尼亚大学生化博士学位。毕业后，在拉特哥斯大学开设土壤微生物课程，并于 1940 年在该大学首创微生物系，任系主任。1949 年，出任该校微生物学院院长。

瓦克斯曼是世界上公认的土壤微生物学权威。他从 1939 年起研究土壤中的微生物，从中提炼出多种著名的抗菌素。1940 年，从土壤细菌中分离出了放线菌素。1944 年，发现并成功提炼出链霉素，同时还发现它对结核杆菌具有独特的抑制作用，从而为人类征服结核病铺平了道路。链霉素的发现还促进了土霉素、金霉素和新霉素的发现。1952 年，瓦克斯曼因此而荣获了

① 徐新、凌继尧：《犹太百科全书》，上海：上海人民出版社，1993 年，第 568 页。

诺贝尔奖。

瓦克斯曼除了科研方面的发明和发现以外，还出版了多部有价值的学术著作，诸如《土壤微生物学原理》和《放线菌》。1954 年，他的自传《我和微生物打交道的生涯》一书出版，成为当年最畅销的科学家传记。[①]

有趣的是，在犹太人的散居史中，还有另一个瓦克斯曼，是一位拉比和著名文学史家。主要著作有：《犹太文学史》《犹太教手册》《犹太教——宗教伦理学》等，这些书在犹太教研究中有着重要的影响。

---

① 徐新，凌继尧:《犹太百科全书》，上海:上海人民出版社，1993 年，第 62 页。

第四章　犹太人与诺贝尔经济学奖

机器与劳动力处于持续的竞争之中，而且前者往往要等到后者的工资有所增加之时才能够得到运用。

——大卫·李嘉图

只是个物理学家的物理学家，也可以成为第一流的物理学家和社会最有价值的成员。但是，只是个经济学家的经济学家就不可能成为一位伟大的经济学家——我甚至想再说一句，只是个经济学家的经济学家即使不是非常有害的人，可能也是个招人讨厌的家伙。

——F.A.冯·哈耶克

尽管对现实世界的实证分析指引并限制我作为一名经济学家的每一个行动，我从未真正忘记对结果的道德准则的关注。我的准则很简单，就是支持处于劣势的人们，且（在其他条件相同的情况下）憎恶不平等。

——保罗·A.萨缪尔森

最重要的是，我始终有自己的专业而不是仅仅批评政策。我在学术界有牢固的地位。我不怕失业，不怕受到迫害。

我的一些学生全力以赴去做政策评论，有些人的日子还凑合，但有些，尤其是那些到了华盛顿住着不走的，则处境堪忧。你得找份安静的工作！

——米尔顿·弗里德曼

我们都有自己的哲学观，无论我们是否意识到这一事实，而且我们的哲学观并没有太大价值。但是，哲学观对我们的行动和生活的影响却常常具有破坏性。这就有必要通过批评来改进我们的哲学观。

——卡尔·波普尔

一、从大卫·李嘉图到罗伯物·奥曼

2005年12月10日，第105届诺贝尔奖颁发，以色列和美国双重国籍的罗伯特· 奥曼和美国人托马斯·谢林获得本年度诺贝尔经济学奖，原因为他们通过博弈理论的分析增强世人对合作与冲突的理解。其中的经济学家罗伯特·奥曼又是一名犹太人。截至到2005年，共有57人获诺贝尔经济学奖，其中，犹太人20人，占获奖总数的比例为35%。他们分别是：[①]

① 本统计参阅了大量的资料：唐得阳：《诺贝尔奖获奖者全书》，团结出版社，1994年；杨建军、王美红：《诺贝尔奖百年大典》（第五卷），内蒙古少儿出版社，2002年；肖宪、张宝昆：《世界上最成功的教育》，中国工人出版社，2005年；安泰顾问：《诺贝尔经济学大师的智慧》，中国纺织出版社，2004年；陈桂玲、娄石：《解读诺贝尔经济学大师》，现代出版社，2004年；冷兆松：《快读大师——五十位顶级经济学家传略》，中国经济出版社，2005年；刘登阁：《影响世界的50位经济学家》，中国社会出版社，2005年；王振中、李仁贵：《诺贝尔奖经济学家学术传略》，广东经济出版社，2002年；王则柯：《经济学家成长的故事》，中信出版社，2001年；〔英〕J.R.沙克尔顿等：《当代十二位经济学家》，商务印书馆，1999年；〔美〕迈克尔·曾伯格：《经济学大师的人生哲学》，商务印书馆，2002年。

1969 年	拉格纳·弗里希（挪威）
1970 年	保罗·萨缪尔森（美国）
1971 年	西蒙·库茨涅茨（美国）
1972 年	肯尼思·阿罗（美国）
	瓦西里·里昂惕夫（美国）
1974 年	F.A. 冯·哈耶克（英国）
1975 年	利奥尼德·康托洛维奇（苏联）
1976 年	米尔顿·弗里德曼（美国）
1978 年	赫伯特·西蒙（美国）
1980 年	劳伦斯·克莱因（美国）
1985 年	佛朗科·莫迪利亚尼（美国）
1987 年	罗伯特·索洛（美国）
1990 年	哈里·马科维茨（美国）
	默顿·米勒（美国）
1992 年	加里·贝克尔（美国）
1993 年	罗伯特·福格尔（美国）
1994 年	约翰·豪尔绍尼（美国）
	莱茵哈德·泽尔滕（德国）
2002 年	丹尼尔·卡尼曼（美国、以色列）
2005 年	罗伯特·奥曼（美国、以色列）

众所周知，按照诺贝尔生前遗嘱的观点，诺贝尔最

重视的是物理学奖，其次才是化学奖、生理学或医学奖、文学奖与和平奖，根本没有经济学奖。如果按照诺贝尔物理学奖得主盖尔曼的观点，颁奖时经济学奖得主应该与其他获奖者分开坐，经济学很难被认为是一门科学。诺贝尔经济学奖全称为“瑞典中央银行纪念阿尔弗雷德·诺贝尔经济科学奖”。诺贝尔经济学奖的设立最早是由当时的瑞典中央银行行长在1968年瑞典中央银行成立300周年之际提出来的，并得到该行许多资深顾问的积极响应，紧接着得到诺贝尔基金会、瑞典皇家科学院和瑞典政府的批准，并于1969年开始实施，颁奖仪式也在斯德哥尔摩音乐大厅举行。诺贝尔经济学奖自设立之时起一直在学术界备受各种争议，许多科学家对其“科学性”进行质疑，一方面认为它不应该同物理、化学等硬科学处于平等地位，另一方面认为其理论无法用实验来验证，其实际效益无法评判。尽管争论一直继续着，但获得诺贝尔经济学奖的经济学家却越来越多，获奖的专业领域也越来越多。从微观经济理论到宏观经济理论，从实证经济学研究到规范经济学研究，从纯经济理论到交叉经济科学，均有所涉猎[①]，而且越来越深奥，越来越复杂。就以2002年获奖的犹太人丹尼尔·卡尼曼和

① 王振中，李仁贵：《诺贝尔奖经济学家学术传略》，广州：广东经济出版社，2002年。

2005 年获奖的罗伯特·奥曼为例，其理论非专业人士很难弄懂。

大卫·李嘉图应该说是犹太经济学家的鼻祖，他是英国资产阶级古典政治经济学的完成者，也是古典学派的最后一名代表，而且是当时英国金融界的知名人士和社会活动家。他的代表作是《政治经济学及赋税原理》，在这部书中，他进一步发展了亚当·斯密的劳动价值论，认为商品的价值决定于生产它所必要的劳动时间，并指出劳动创造的价值是工资、利润、地租的源泉，从而奠定了劳动价值学说的理论基础，完成了资产阶级古典政治经济学的理论体系。马克思对他的这部著作曾给予很高的评价。[①]李嘉图理论的基本思想是经济自由主义。他认为国家干预经济生活是不明智的，主张给予经济以更大的自由、更大的民主，国家的职责只在于保障经济的正常运行。他指出，每个人追求的个人利益和全社会的整体利益是一致的，只有实现经济自由的资本主义制度才能保证个人利益和社会利益的一致，并且最有利于生产力的发展。资本家在发展生产时追求的虽然是个人利益（利润），但是资本家获得利润又是为了资本积累，而资本积累又有利于发展生产和促进社会财富的增加，

---

① 大卫·李嘉图：《政治经济学及赋税原理》（重版说明），郭大力、王亚南译，北京：商务印书馆，1972 年。

从而符合社会进步和发展的要求，因此，资本家的个人利益同社会经济发展和整体利益是一致的。[①]此外，李嘉图还探讨了使用价值和交换价值的区分；从工资学说出发把工资同雇佣工人的收入相联系，研究了工资数量的基础和工资变动的规律，并以劳动价值论为基础发展了地租理论。他因此成为新兴工业资产阶级的代言人，堪称划时代的经济学家。

大卫·李嘉图的父亲是荷兰犹太人，年轻时移居英国，后来在证券交易中发了大财，成为当时当地的名人。李嘉图的父亲婚后生育了许多孩子，大约 17 个（也可能是 23 个），长大成人的有 15 个，其中 9 个儿子，6 个女儿。儿子中有 6 人继承祖业，成为证券经纪人。[②]

李嘉图于 1772 年 4 月 18 日生于伦敦，14 岁以前只受过初等教育，14 岁以后便辍学开始在证券交易所工作，致使在他成名后，许多人嘲笑他先天不足。正如一位英国学者亨利·斯皮格尔所言："李嘉图的一生是短暂的，并且充满了追随他的人，而他所受到的正规教育是一个伟大的经济学家所受到的最贫乏的教育，这样，他作为一个经济思想家的成就必须归之于天才。"当然，李嘉

① 冷兆松：《快读大师》，北京：中国经济出版社，2005 年，第 46—49 页。

② 贺雄飞：《犹太人超凡智慧揭秘——想入非非的科学巨擘》[m]，北京：华龄出版社，1995 年，第 89—92 页。

图也是一个非常勤奋的人，在经商过程中，他从未间断过学习。

李嘉图的一位邻居是名医生，信奉基督教，医生的女儿比李嘉图大 3 岁，非常美丽，多才多艺，和蔼可亲，李嘉图深深地爱上了她。他向家人提出要和邻居的女儿结婚的请求，但遭到了父母的拒绝，致使李嘉图和家庭决裂，被赶出了家门，并离开了犹太人团体。有材料证明，“老人不允许儿子同异教徒结婚，但儿子固执己见，老人于是剥夺了他在自己生意中的股份”。李嘉图的婚姻不仅冒犯了他的家庭,就连他的岳父岳母及其亲属“对于这两个年轻人的鲁莽从事也同样大为不满”。所以,“他们从哪方面都得不到支持”。尤其是和自己父母的关系，由于他崇尚自由和独立，早就出现了分歧，婚姻使他和父亲彻底决裂。李嘉图同斯宾诺莎一样，完全成为一名犹太教的“叛徒”。结婚时，他 25 岁。

1799 年，他偶然在妻子疗养院的图书馆中发现了亚当 · 斯密的《国富论》，爱不释手，从此激起了他对政治经济学的浓厚兴趣。后来，他在给妻子的信中激动地写道:“我记得很清楚，当我发现你和我同样喜欢亚当·斯密的著作以及他早期发表在《爱丁堡评论》上许多政治经济学论文时，我们每天见面都要花半个小时来讨论这方面令人愉快的问题。”很快他就以《关于通货的贬值》

为题出版了一本小册子，并赢得了很高的名望。

从 16 岁开始，李嘉图就成了父亲在生意上的得力助手，他机灵、眼光敏锐、精力充沛，是个非常精明的生意人。但他很早就对父亲的专横和保守感到苦恼，并不愿意遵守犹太教繁琐的仪式。他和家庭决裂后，很可能被贫困弄得惨惨淡淡。但是，5 年后他就发了财，成为一名天才的金融家和暴发户。到 1810 年前后，大卫·李嘉图已成为伦敦金融界的头面人物之一。正如同时代的人们所言，李嘉图有非凡的观察力和嗅觉，他反应迅速，但又非常清醒和谨慎。在政府发行公债的承办投标会上，多次成功，获得公债配销权。他不仅在伦敦贵族区购置了豪华的别墅，而且成为有名的百万富翁。尽管李嘉图并不认为行善能医治社会弊端，但他一直是一个慷慨的人，不仅捐款创办了一所学校解决了 130 名穷人家孩子入学的问题，还经常捐钱给医院和孤儿院，并救济过许多穷亲戚。

婚后，李嘉图一共生了 8 个孩子。但这位交易所的老狐狸和在家庭中受尊敬的父亲，却有孩子般爱探究的头脑和贪婪的求知欲。26 岁时，李嘉图突然将兴趣转向高深莫测的自然科学和数学。一个多么鲜明的对比：上午在交易所和事务所，他是个与年龄很不相称的冷静、克制的生意人，晚上在家里却是一个和蔼可亲的父亲和精于钻研的学者。在生意的闲暇之际，研究政治经济学成为他的休息和乐趣。李嘉图不仅酷爱思考，而且虚怀若谷，他一生都自称对科学只略懂皮毛。但这个“略懂皮毛的人”，却一不留神承担了创立英国古典政治经济学的大任。在李嘉图生活的那个时代，实际上还没有经济学家这个行当，即使这样，他走向科学的道路也非同寻常，令人惊讶不已。1821 年，李嘉图的一个信徒满怀激情地写道：“一个英国人，既不出身于正统科学界，又要忙于商务和社会应酬，却完成了欧洲各大学和整整一百年的科学思想都无力推动分毫的事业，这可能吗？”

李嘉图的卓越智慧是在这些研究活动的影响下发展起来的。这些活动促使他养成了在他的经济学著作中起了十分重要作用的各种素质：严谨的思维，数学逻辑性、精确性。就在这一时期，李嘉图对亚当·斯密的理论情有独钟，并深受影响，成为他的继承者和发展者。后来，他又结识了穆勒和《人口论》的作者马尔萨斯。穆勒不仅成为他的密友、引路人和信徒，而且成为他的伯乐和写作的推动者。因为李嘉图是一个软弱腼腆的人，所以他常常对自己的写作缺乏信心。正是在穆勒的逼迫下，他完成了自己的代表作《政治经济学及赋税原理》。而马尔萨斯则成为他强有力的论敌，在李嘉图短暂生命的晚期主要是同马尔萨斯论战。英国一位女作家同李嘉图见过面后，这样描述他："李嘉图先生，举止稳重，头脑敏锐，善于不停地思考，在谈话中能够不断提出新的问题。我还从来没有同这样的人争论或辩论过，他争论问题，态度诚恳，他竭力追求的是真理，而不是辩论的胜利。他对反驳他的任何论据，都作出应有的评价。只要别人在这个问题上有说服力，他决不多坚持一分钟自己的意见。在他看来,真理是你发现的,或者是他发现的,都完全一样，只要发现真理就好。同他谈话，总会有所收获，会使你相信，你不是对就是错，使你能更好地认识这个问题，并且在谈话中始终保持着极好的情绪。"[①]

《政治经济学及赋税原理》一书的写作计划,在《论谷物价格低廉对资本利润的影响》一文于 1815 年 2 月出版后不久就形成了。根据穆勒的建议，李嘉图最初只打算将该文加以补充，并在给一位朋友的信中担心"自己不能胜任这一工作"。10 月 10 日，穆勒给他写信:"我希望你现在能把你在该书方面的进展告诉我一下。现在我认为你已经决心从事这一工作了。"这使李嘉图鼓起勇气打算"进行这一尝试"。11 月 9 日，穆勒针对李嘉图一封灰心丧气的信（"啊，要是我能写一本书该多好！"）写了一封复信。在这封信中,穆勒命令李嘉图"一

① 刘登阁：《影响世界的 50 位经济学家》，北京：中国社会出版社，2005 年，第 23 页。

小时也不迟延地立即开始著作关于地租、利润与工资三个题目的第一个——地租。”①

在这一时期中，李嘉图一直由于文字写作方面的困难而踌躇退缩。穆勒不仅给他寄去了有关写法的详细指导，而且还给出了练习题——“农业的改良将提高资本利润，并且不会直接产生其他影响”———步一步地提出证明。“因为你已经是最优秀的政治经济学思想家，所以我决心让你也成为优秀的作家。”穆勒说。价值问题是李嘉图在 12 月 30 日致穆勒信中第一次作为独立论题提出来的。他发现他必须讨论这一问题，他写道 :“我知道我不久就会受阻于‘价格’一词，所以我必须请你提供意见和帮助。读者必须先理解通货与价格的理论才能理解我打算提出的证明。”从这时开始，价值的问题越来越使他感到苦恼。1816 年 2 月 7 日，他写信给马尔萨斯说 :“在清楚地理解相对价值或交换价值的起源与法则方面存在着很多困难，如果我能克服这些困难，这一场战斗就赢得一半了。”②

后来，在穆勒的催逼和鼓励下，大卫 · 李嘉图终于完成了自己的写作。正如穆勒的儿子所言 :“要不是我

---

①〔英〕彼罗·斯拉法 :《李嘉图著作和通信集》(第 1 卷)，郭大力、王亚南译，北京 : 商务印书馆，1997 年，第 25—26 页。

②〔英〕彼罗 · 斯拉法 :《李嘉图著作和通信集》(第 1 卷)，郭大力、王亚南译，北京商务印书馆，1997 年，第 27 页。

父亲的敦促和大力鼓励，《政治经济学及赋税原理》一书就不可能写出，也不可能出版。因为李嘉图是最谦逊的人，他虽然坚信自己的学说是正确的，但认为自己无力作出正确的表达和解说，因而不敢想象出版的事。”[①] 李嘉图在 1816 年 12 月 2 日的一封信中，总述了穆勒对他的帮助："如果我的事业能够成功的话，主要是由你而得来的。因为如果没有你的鼓励，我想我不会进行下去，而且在对我来说最重要的问题上——在编排各章节次第以及删除繁词冗语方面——我都要仰仗你的帮助。”[②]

可见，一位良师益友对一个人的成功多么重要。1820 年 7 月，《政治经济学及赋税原理》一书已经准备发行第三版了，前两版重印时，李嘉图针对一些批评意见都作了修订。在对第三版的修订过程中，李嘉图重读了马尔萨斯《政治经济学原理》一书，并计划针对该书对自己的批评进行抨击和辩护，但穆勒反对他这样做，因为他担心会使该书的“争论性太强”。[③]尽管他对马尔萨斯的许多意见不同意，但他还是在新版中作了解释和段落的修改。其中典型的是第一版和第二版中下面一句

①〔英〕彼罗 · 斯拉法 :《李嘉图著作和通信集》(第 7 卷)，郭大力、王亚南译，北京 : 商务印书馆，1982 年，第 101 页。

② 约翰 · 斯图亚特 · 穆勒 · 自传，1873 : 27.

③〔英〕彼罗 · 斯拉法 :《李嘉图著作和通信集》(第 7 卷)，郭大力、王亚南译，北京 : 商务印书馆，1982 年，第 333 页。

话的修改：“谈到地主的地租时，我们毋宁把它视为全部产品的一个比例。”在第三版中这句话结尾的几个字改成了“用一定资本在某一农场上获得的产品的一个比例”[①]。后来，针对马尔萨斯对自己的批评和误解，李嘉图专门出版了《李嘉图著作和通信集（第 2 卷）——马尔萨斯＜政治经济学原理＞评注》一书，作出了理性的回答。再一次体现了李嘉图对自由和真理的向往。

1819 年，在《政治经济学及赋税原理》出第二版时，李嘉图告别了商业界，并将财产投放在土地、不动产和可靠的非投机性证券上。他的孩子们已被教育成为富有的土地占有者的继承人和一位英国绅士的继承人。

李嘉图这样有地位、有志向的人从事议会活动是十分自然的。为了进入下议院，他从爱尔兰偏僻小镇的一个破产的大地主那买了一个议员的席位，开始了自己的议员生涯。在议会里他只待了 4 年，却发挥了积极的作用。李嘉图表面上既不属于执政的保守党，也不属于在野的民权党，他秉承自己的良知和理性，持独立的立场。他继续反对谷物法，主张贸易自由，缩减国债，改进银行业务和货币周转。在他的演讲中，经常发表有关主张出版自由和反对限制集会权利的精彩言论。他同亚当·斯

---

① 〔英〕彼罗·斯拉法：《李嘉图著作和通信集》（第 1 卷），郭大力、王亚楠译，北京：商务印书馆，1997 年，第 68 页。

密一样，在政治上是最彻底的资产阶级民主的拥护者。议会的活动几乎占去了他所有的时间。他甚至常住在伦敦，阅读文件、写信、会客和撰写有关谷物法和国债的著作和发言提纲。议院开会时，他是最认真和正直的议员。

那几年，李嘉图成了整个欧洲经济科学的中心。在1821年，伦敦政治经济学俱乐部成立之前，经济学家的聚会，经常在他家里召开，后来，他成为俱乐部公认的领袖。他是一个非常善良、谦虚、有分寸和有魅力的人。

1823年9月，由于耳疾扩散到大脑，再加上长期的劳累和他羸弱的身体，不幸突然降临到他的身上，李嘉图猝然死亡，年仅51岁。

2005年，美国和以色列双国藉的博弈论大师罗伯物·奥曼获得了诺贝尔经济学奖。从大卫·李嘉图到罗伯特·奥曼见证了犹太人在经济学理论研究领域的辉煌。

二、哈耶克：新自由主义的精神领袖

从思想史的角度去评判一个思想家，就仿佛透过思想家的理论去观察当下的时代一样，要比单纯沉湎于其话语体系中给人们带来的感受更加生动。看他们穿行于历史的变迁之中，被烙上时代的累累印记，可以形成一种有着丰沛历史感的领悟。正是从这些烙印中，我们才可以见证思想家在不同时空场景中非常不同的遭遇。

哈耶克无疑是20世纪最重要的政治思想家和经济学家之一，堪称市场经济和法制社会的坚定捍卫者以及新自由主义的精神领袖。他的一生丰富多彩，经历过两次世界大战，见证过大萧条，目睹过法西斯主义的兴起和衰亡，并在其生命的最后阶段欣慰地看到了自由市场思想的复兴。他还成为20世纪80年代里根·撒切尔主义的精神导师，对苏联、东欧等前计划经济国家的市场转型发挥了独一无二的巨大推动作用。哈耶克的思想活动跨越了经济学、政治哲学、政治学等诸多领域，用一系列权威的著作论证了自由社会所不可或缺的法律、政治、伦理和经济条件。尤其是其代表作《通向奴役之路》于1944年出版后，在全球获得了极大反响，并深刻影响了20世纪后半叶人类的历史进程。在他所取得的辉煌成就的背后，始终贯穿着对人类未来命运的关怀和对自由、法制的呐喊，并实践着“观念打败观念”的历史责任，用持之以恒的努力证明了“昨天的异端会成为明天的信条”这一伟大的真理。他不但是一个“顽固的市场主义者”，还是一名“伟大的道德家”，他将专横自负的权力视为人类自由的头号敌人，他是一名以捍卫人类自由为己任的观念斗士，他相信“人们享有公民自由的资格，与他们对自己的禀性施以道德约束的愿望成正比，与他们把热爱正义置于个人贪婪之上成正比”[①]。

19世纪杰出的自由主义思想家约翰·穆勒在其名著《论自由》中写道：“比起个人来，时代更不容易出错——因为每个时代都有许多种观念，在今后的时代不仅被认为是错误的，简直就是荒唐的；同样，有许多现在被人普遍接受的观念，今后可能遭到排斥；也有许多过去被人广泛接受的思想，会遭今人抛弃。”从20世纪30年代到80年代，哈耶克一直在挑战着一个传统观念：社会主义是比资本主义更有效率和更公平的经济生产形态。哈耶克论证了传统社会主义是行不通的。其他人也曾经作过尝试，尤其是他的老师米塞斯，但没有任

① 〔英〕阿兰·艾伯斯坦：《哈耶克传》一书．(代序) 用观念战胜观念，秋风译，北京：中国社会科学出版社，2003年。

何人像他那样清晰而有力地阐明拒绝传统社会主义的理由，也没有任何人像他那样富有成效地拓展了这些论证，使之从经济秩序领域扩展至更广泛的社会领域。他不仅写出了伟大的《通往奴役之路》，还写出了《自由宪章》《法、立法与自由》《致命的自负》等名著，充分界定了法律与自由的关系及含义，他的核心理论就是：没有法律，就不可能有自由。他是一位乌托邦哲学家，提出了某种“普遍的和平秩序”的理想，试图“将全人类融合为一个单一社会”。这样的社会将保障个人自由和群体之秩序，也将拥有最先进的技术。

1899 年 5 月 8 日，弗里德里希·奥古斯特·冯·哈耶克出生在奥地利的维也纳，当时的维也纳纷争不已，人们几乎对所有事情的前景都持不同看法。犹太复国主义的领袖西奥多·赫茨尔和战争狂人希特勒也出生在这座城市。哈耶克的父亲是一名归化了的犹太人，他不仅是一名医生，而且还对植物学感兴趣，创作了大量专著，并成为维也纳大学一位兼职植物学讲师。他的母亲出生于一个富裕而保守的学者家庭。他的外祖父弗兰茨·冯·尤拉舍克是当时奥地利杰出的经济学家，奥地利学派经济学三大鼻祖之一庞巴威克的密友。他的祖父则在维也纳的帝国中学教了 30 年的自然科学，撰写了好几部有关生物学的系统性论著，在当时也相当出名。

谈到父亲对自己事业的影响，哈耶克说："我想，如果没有对知识工作的那种敬畏，那么，我可能会改变我自己的发展方向。我决心成为一名学者，当然受到了我父亲想成为一名大学教授却未能实现这一野心的影响……我就是在这样的想法中成长起来的：没有什么东西比成为一位大学教授更高贵。"[①]想成为一名高贵的学者，也是犹太人最普遍的文化传统，即使归化了也改变不了这种思想。所谓的改宗和归化，无非是想避免反犹主义的影响，马克思、海涅、托马斯·曼等都是"不是犹太人的犹太人"，他们的骨子里流的还是犹太文化的血。

哈耶克是在日耳曼文化的气氛中长大的，他认为："德国人总的来说是勤勉而守纪律的，具有强烈的责任感和秩序感，严格服从权威，有大无畏的牺牲精神。但他们欠缺的品质也很多，包括：和蔼与幽默感、谦逊、尊重别人的隐私和信任邻人的善意。"在谈及自己的远房外甥、哲学家维特根斯坦的时候（也有的书说维特根斯坦是哈耶克的堂兄），哈耶克回忆说："最让我震惊的，是他对一切事物都'求真'的激情（后来我才知道，这是我之前的那一代年轻的维也纳知识分子的典型特征）。这种'求真'激情在各个知识分子群体中几乎成为一种

① 〔英〕阿兰·艾伯斯坦：《哈耶克传》，秋风译，北京：中国社会出版社，2003年，第12页。

时尚，我也曾奔走于这些知识分子群体中。它并不仅仅意味着讲真话，而意味着你必须以真理为‘生’，而不能宽容本人或他人的任何虚伪。这种态度有时会显得十分粗暴，甚至令人不快。对每种习俗都要予以深入剖析，对于每种传统形态，都要揭露出它是骗人的。”①

在哈耶克成长的过程中，给他记忆最深刻的是他父亲收集的植物标本，每次搬家的前提条件就是要有地方来陈列它们。哈耶克的童年及青少年时期，还对摄影、骑自行车、滑雪、帆船、攀岩、登山和戏剧等产生过浓厚的兴趣，尽管有些运动危险而刺激。他当时是个身体瘦高、不修边幅的男孩。在宗教方面，虽然归化了，但从未去过天主教堂。“到 14 岁那年，我确信，没有人能够对‘上帝’一词给出合理的解释，因此，不管是声称信仰上帝还是不信仰上帝，其实都是毫无意义的事”。他家的亲戚大多是归化了的犹太人。哈耶克家所遇到的问题，其实是所有归化了的犹太人所面临的共同问题。正如美国著名作家诺曼·梅勒②在他的短篇小说《研究瑜珈的人》中所说，犹太人跨立在两者之间：一方面是对自己从未见过的国家的丧失感，另一方面是对自己现在

① 〔英〕阿兰 · 艾伯斯坦：《哈耶克传》，秋风译，北京：中国社会科学版社，2003 年，第 15—16 页。

② 〔美〕诺曼·梅勒，美国著名犹太作家，著有《裸者与死者》和《刽子手之歌》等多部作品。

生活的这个国家的厌恶感，反映了普遍存在于美国犹太人之中的“做犹太人难，不做犹太人也难”的矛盾心理。[①]而对于归化了的犹太人更是如此，信仰犹太教难，到新教教堂做礼拜更痛苦。于是，干脆放弃信仰。

哈耶克从小就是一个叛逆的孩子，虽然脑瓜很聪明，但学习上不用功，让大部分老师恼羞成怒。在 14 岁那年，除了生物学以外，拉丁语、希腊文和数学都不及格，不得不留级一年，即使换了两所中学，仍然常和老师闹别扭。奇怪的是，在家里却是另一回事，哈耶克俨然成了一名小学者，是父亲植物学研究方面的“得力助手”。在后来哈耶克的学术生涯中，他终生对进化现象保持着浓厚的兴趣。哈耶克父母的关系很和谐，全家人经常在阳光下进餐，无所不谈，非常幸福。他的父亲不仅酷爱植物学，而且精通德国文学，每个晚上都在灯下给全家人朗读席勒的诗歌和莎士比亚的戏剧，这给哈耶克的内心留下了非常深刻的印象。

1917 年 3 月，哈耶克在离 18 岁生日还差两个月的时候参军了，受训 7 个月后，被派往意大利前线。在战场上，哈耶克不仅受过伤，而且还有一次差点送了命，他后来听力不好，可能和炮弹的爆炸有关。正是在战斗

① 徐新，凌继尧:《犹太百科全书》，上海:上海人民出版社，1993 年，第 594 页。

之余，他阅读了一些有关经济学、伦理学和社会主义的书籍，引发了他对经济学的兴趣。1918年年底，奥地利战败之后，哈耶克退役并进入了维也纳大学。

在维也纳大学，哈耶克进入了自由主义、自由市场的经济学传统的课堂，卡尔·门格尔、庞巴威克、维塞尔等经济学大师的理论都不同程度地影响过他。这些奥地利学派的经济学家有一个共同的特点，就是关注人的需求、欲望和最高的生活水平，而这又需要最科学的知识。课余时间哈耶克还热衷于心理学、解剖学和法学，并经常出没于许多名教授讲座的课堂上。哈耶克晚年评论说，当时的维也纳是“世界重要的学术中心”，“没有哪个地方能像20世纪二三十年代的维也纳那样激动人心”。而使维也纳在思想学术方面举足轻重的一股重要力量是犹太人社会，他们构成了世界上最大，或许也是最有学问的知识群体，共有20万人之多，而到二战后却只残存8 000人左右。20世纪初期，维也纳的人口约为200万。当时，虽然哈耶克出入于天主教文化圈中，但还是与许多犹太教师和学生建立了密切的私人关系。因为在当时的维也纳大学，大部分学生很少在学校上课，而是去找私人教师辅导功课。很多私人讲师是犹太人，并且他们的思想水平是一流的，包括米塞斯和西格蒙特·弗洛伊德。哈耶克活跃在天主教徒和犹太人的混合群体中，这对他以后的学术生涯推动很大。

1923 年 3 月到 1924 年 5 月，当哈耶克从维也纳大学获得了政治科学学士的第二学位后，开始游学美国。在整整 15 个月的时间中，哈耶克每周只花 60 美元，过着非常贫困的生活。据他后来回忆说："我根本没有参加纽约的文化生活，因为我根本没有闲钱到处乱跑。"他冒冒失失地到了纽约，由于无法和他投靠的人联系，他差点到一家餐馆去刷盘子，后来经济学家熊彼特的一封推荐信帮了大忙，使他到处受到款待。熊彼特曾是他外祖父的学生。他后来回忆说："我亲爱的妈妈晚年常对我讲，我从美国回来的时候，脚上穿了两双袜子，因为两双都破了很多洞，只能套穿遮掩一下。"在他的导师维塞尔的举荐下，美国洛克菲勒基金会打算给他一笔奖学金。就在获得奖学金的通知书送到他手里之前，他却踏上了返回维也纳的行程，因为他要结婚，并要担任奥地利商业周期研究所所长，当时他还未满 24 周岁。哈耶克在美国最大的收获就是结识了时任美国经济研究局局长的哥伦比亚大学教授米歇尔。米歇尔同奥地利学派的经济学家最大的不同，是强调用经验、统计和计量的方法研究经济学。由于受到米歇尔的影响，在哈耶克后来的思想体系中，有两个重要组成部分——理论部分和经验部分。哈耶克后来认识到，抽象的理论是弱不禁风的。在米歇尔手下进行过研究的经济学家后来成名的有很多，包括犹太人米尔顿·弗里德曼。在美国期间，哈耶克蓄起了胡子，几十年后，他开玩笑说："我现在对美国学生讲话的时候，有一个非常有用的开场白，我总是说，'50 年前，我为了抗议美国式文明，平生第一次留起了胡子——'（大笑）。"[①]

对哈耶克帮助最大的经济学家是路德维希·冯·米塞斯[②]，他利用自己的影响力在 1921 年帮哈耶克找到了第一个工作职位，该职位是一个政府机关的法律顾问。哈耶克特别喜欢讲他 1921 年去见米塞斯的过程，当时他拿着维塞尔写的一封推荐信，信中"把我说成是一位前途无量的经济学家。米塞斯看着我说，'前途无量？我可从来没有在我的课堂上见到你'（大笑）"。"这基本上是真事。我曾经去听过他的课，我发现，他极为反感我当时信奉的费边主义观点，而跟这样的人，我可不想套近乎。不过当然，后来的情形就变了，我们结下了深厚的友谊。头五年，他是我的顶头上司。而后，他帮我创建了经济（商业周期）研究所，我当所长时，他是副理事长。"米塞斯是一个绝对理想的领导，不仅非常

---

① 〔英〕阿兰·艾伯斯坦：《哈耶克传》，秋风译，北京：中国社会科学出版社，2003 年，第 43 页。

② 米塞斯，当时奥地利著名的经济学家，犹太人。2000 年被《自由》杂志推举为"自由至上主义的世纪人物"。

体谅下属，还随时愿意和人探讨经济问题，在哈耶克的学术生涯中，他扮演了非常重要的角色。他不仅把哈耶克推荐给纽约大学的扬克斯教授，而且还经常邀请哈耶克参加他的“私人研讨会”。于是，米塞斯成了哈耶克的学术领路人，对货币和工业波动的影响，对社会主义问题的兴趣，都是在米塞斯的直接影响下产生的。而哈耶克的哲学方法论，则受到维塞尔和米塞斯的共同影响，维塞尔也是当时一个重量级经济学家，一直是哈耶克的导师，也是一名犹太人。

在米塞斯的影响下，哈耶克和他的大学同学发起了一个“精神兄弟会”，小组每月聚会一次，讨论各种问题，成员大部分是犹太人。参加讨论的成员有：马克斯·明茨，后来到了美国，成为历史学家；埃里克·弗格林，政治哲学家，执教于维也纳大学；阿尔弗莱德·舒茨，社会学家、哲学家；瓦尔特·弗勒里希，历史学家、律师；弗利克斯·考夫曼，哲学家、法学家；哈贝尔勒，后来成为经济学家，出任维也纳大学和哈佛大学教授；莫尔根斯泰因，经济学家、博弈论先驱；马赫卢普·弗里德里希·雅诺西，历史学家；哈贝尔勒和马赫卢普，后来都担任过美国经济学会会长。不定期参加讨论的还有艺术史家奥托·贝内施和约哈内兹·韦尔德、音乐理论家和律师温特尔尼茨、心理分析学家韦尔德尔。虽然哈耶克的“精神兄弟会”和米塞斯的“私人研讨会”有个别重合，但“精神兄弟会”吸引了更多的学者参加，讨论的话题更广泛，涉及文学、绘画、音乐史、历史和政治哲学。讨论会的惯例是，发言者必须提交精心准备的论文，而且不允许讨论自己专业领域的话题。哈耶克试图结识各个学科的才子，而不仅仅是经济学家。讨论会一般是在私人家中举行，一家一家轮流做东，不吃晚餐只准备三明治和茶，通常参加者不超过 12 人，而且没有女性。正是米塞斯的私人沙龙和哈耶克的讨论小组，成为当时维也纳经济思想和文化思想的摇篮。后来，由于受到维也纳大学一批反犹主义倾向严重的经济学家的干预，沙龙逐渐消失，而且一批犹太会员被著名的全国经济学会开除。早在 1927 年，米塞斯就预言 :“自由正在奥地利衰亡,我们所有人都不得不背井离乡。”哈耶克回忆说，1932 年 9 月，他回过一趟维也纳，当时“一大群各专业领域的同仁们聚会，米塞斯突然问大家 :“这会不会是我们最后一次相聚？”大家起先都觉得有点奇怪，而米塞斯却解释说，再过 12 个月，希特勒就会掌权。当时大家都不相信，大笑起来”[①]。

1931 年 1 月底到 2 月初，哈耶克应伦敦经济学院的

---

① 〔英〕阿兰 · 艾伯斯坦 :《哈耶克传》，秋风译，北京 : 中国社会科技出版社，2003 年，第 56 页。

邀请就“价格与生产”问题发表了4次极受欢迎的演讲，并使他得以执教该院。在20世纪30年代复兴的“反集体主义”的思想运动中，涌现了5位杰出的思想家：凯恩斯、哈耶克、波普尔、熊彼特和贝弗里奇，除凯恩斯和哈耶克外，其他3位都与伦敦经济学院有关。伦敦经济学院对20世纪的民主社会主义同样具有深刻的影响。拉斯基、理查德·托尼、格拉汉姆·华莱士、艾德礼、达尔顿和西德尼·韦伯等，都曾在此工作或执教。哈耶克任教于伦敦经济学院后，罗宾斯让哈耶克在该院的学报《经济学》上出尽风头，他连篇累牍地开始尖锐批评凯恩斯的经济理论。凯恩斯当时执教于剑桥大学。

哈耶克在伦敦经济学院很快就结识了著名民主社会主义者拉斯基。拉斯基是犹太人，被誉为“英语世界最重要的社会主义知识分子”，“塑造了如此多的新兴国家的未来领袖的精神”。第二次世界大战后许多新兴国家和地区的领导人都曾在拉斯基手下学习过。后来担任过美国驻印度大使的经济学家加尔布雷思曾参加过哈耶克在伦敦经济学院的讨论课，他说，印度第一任总理尼赫鲁思想的“核心”就是拉斯基的观点，“印度是受拉斯基思想影响最大的国家”。哈耶克非常了解拉斯基，对他非常反感。他后来回忆说：“那是在1939年8月，晚饭后，拉斯基就苏联布尔什维克创造的奇迹喋喋不休地讲了一个多小时……然后，他不得不停下来，因为大家要听 9 点钟的 BBC 新闻广播。结果我们听到新闻中说，希特勒和斯大林签署了协议。这让拉斯基恼羞成怒，不仅是因为苏联人这一背信弃义的行为，也因为他在 20 多分钟前还在毫不吝啬地赞美的那套制度遭到了普遍的唾弃……自那以后，我再也不可能把他视为头脑清醒的人。”但哈耶克还是同拉斯基来往频繁，不仅因为他们同为犹太人，同时他们也是狂热的书籍收藏家。但 1944 年哈耶克的《通往奴役之路》出版后，他们之间的友谊就彻底结束了。

罗宾斯是伦敦经济学院经济系的主任，被认为是 20 世纪 30 年代该院经济学家中的思想领袖，约翰·希克斯、科斯、刘易斯等多名诺贝尔奖得主曾在他手下工作。从哈耶克一进入该院起，罗宾斯就对他另眼相看，并为他的思想所折服，尤其是哈耶克对凯恩斯的批评。罗宾斯入主伦敦经济学院后，伦敦经济学院与剑桥之间的竞争达到白热化。首相麦克唐纳于 1930 年任命了一个 5 人组成的“经济学家委员会”，以评估大萧条时期的经济状况，罗宾斯和哈耶克都是委员，而凯恩斯则是委员会主席。但罗宾斯和凯恩斯互相叫劲，合作很不愉快，哈耶克率先批评凯恩斯《货币论》的文章，就是罗宾斯安排的。哈耶克的评论，奠定了未来若干年内他在伦敦经济学院的位置，因为该学院的第一代学者历来就对凯恩斯和剑桥没有好感。哈耶克严厉地批评了凯恩斯，认为凯恩斯的表述艰涩,不够系统,含糊其辞,希望凯恩斯“先停下来，从而为下一步的讨论奠定一个更坚实的基础”。在剑桥，人们觉得，哈耶克是在与剑桥的思想战斗中替罗宾斯和伦敦经济学院打头阵的人。与此同时，由罗宾斯和哈耶克在伦敦主持的讨论课也异常火爆，吸引了相当多学生和老师。正如罗宾斯所言：“活着本身就令人惊喜，而年轻则是天堂！”哈耶克刚到伦敦时，凯恩斯还是他心目中的一位“英雄”。难道不是凯恩斯“才有勇气抗议 1919 年和约中有关经济问题的条款”？哈耶克和他那一代年轻的维也纳人都称赞“这是本文采斐然的书，因为它直言无忌，思想独立”。即使是他们后来的关系弄僵了，哈耶克仍对凯恩斯的许多方面称赞有加，他“能够同时做无数的事情：教经济学，组织芭蕾舞演出，搞金融投机，收藏绘画，开办投资信托公司，为剑桥学院筹集资金，担任一家保险公司的董事，实际经营着剑桥艺术剧院，亲临剧院关心旅馆提供的食物和酒水等的细节问题”。凯恩斯把哈耶克给震住了，很多人都有这种感觉。凯恩斯在答复哈耶克对他的评论时大为光火，部分原因在于，他觉得自己以前对哈耶克很友善。因为，1927 年初时，哈耶克曾烦请凯恩斯给他买一本书，并送给凯恩斯一本他的任教资格论文。对这个不请自来的礼物，凯恩斯写信道谢，确实非常友善，这可是一位世界著名经济学家给一位还不到30岁的年轻人写信啊！凯恩斯对来自哈耶克的批评非常反感，他猜想哈耶克想以对自己的批评进入英国经济学界，并借此讨好罗宾斯，因此他们通了几封信进行交流，但凯恩斯措辞激烈，充满着冷嘲热讽。在是哈耶克发表了《通往奴役之路》一书后，凯恩斯给哈耶克写了一封广为人知的赞扬信，但信的一开头就警告哈耶克："你不要指望我会完全接受你书中的那些经济学思想。"有趣的是，所有的哈耶克信徒，后来都投奔到了凯恩斯的门下。

哈耶克认为，凯恩斯的成功在一定程度上由于他广泛的兴趣和令人信服的人格魅力，以及他娴熟的英语和无可匹敌的演讲技巧。而哈耶克的课堂却不同，虽然他学识渊博，面带微笑，但讲话声音太小，想法太多太杂，而且英语蹩脚。他的一位学生回忆说："听到哈耶克要来给研究生讲课，我们大家都很兴奋，都跑去听他的第一堂课。他开始用英语讲课，结果大家都听不懂，有人建议他用德语讲，结果还是听不懂，最后只好放弃他的课。"约翰·加尔布雷思曾在伦敦经济学院做过访问学者，他对哈耶克和罗宾斯主持的讨论课记忆犹新："哈耶克的讨论课可能是经济学历史上大家说话最有挑衅性的聚会。研讨课的主要内容就是全面深入地告诉哈耶克，他为什么不对。有一次，哈耶克教授坐在他主持讲话的那张小桌子前宣布：'先生们，我上次已经说过，今天我们讨论利率理论。' 这时，他的一位学生插话，对利率概念本身提出批评，'荒唐，' 他说，'这是贪婪的资本家的概念。'其他人七嘴八舌地议论。哈耶克耐心地听着，强忍着一言未发，直到下课。"

哈耶克从专业经济学理论转向更为广泛的社会研究的关键性著作，是收进 1935 年出版的《集体主义经济计划》一书中的论文。社会主义的经济计算问题，是奥地利学派一向关注的问题。在 1920 年，米塞斯就发表了有关文章，对社会主义进行质疑：一个没有价格的经济体系是否有可能存在？社会主义社会如何有效地进行组织管理？烤鸭怎样会飞到同志们的嘴边？米塞斯的论证核心是价格问题，价格至关重要，必须得有私有财产的价格和竞争性市场，没有交换体系，就很难出现有效率的经济决策。有关社会计算论战分为两个阶段，在 10 年后的一篇文章中，哈耶克指出：20 年代是米塞斯跟社会主义者进行这场论战，30 年代则由哈耶克出战。在资本主义体制下，面临的最大问题是谁最适于管理资源，这个问题同样困扰着社会主义体制。"市场社会主义"——即试图把社会主义与市场融合起来——"不过是件赝品而已”。社会主义既是一种理论，也是一种伦理理论，从经济学家角度分析，它在实际中很难维持下去。

如果说第二次世界大战以令人震惊的音符结束——发现死亡集中营、种族灭绝和使用原子弹，那么，它的开端同样令人目瞪口呆。希特勒在1932年的大选中掌权，并在选举中获得60%以上德国人的支持。此后，纳粹获得了独裁权力，其他政党统统遭到镇压。1935年通过的《纽伦堡法》剥夺了犹太人的公民权，禁止犹太人与非犹太人通婚。1938年，哈耶克正式成为英国公民。战争期间，哈耶克和凯恩斯的私人关系也密切起来，哈耶克经常和凯恩斯一起站在国王学院的房顶上观看炮火消磨时间。哈耶克赞扬凯恩斯在《如何筹款应付战争》中提出的建议，这本小册子也吸取了哈耶克有关战后征收资本税的一条建议。哈耶克已经完全融入了英国。他写出了《理性的滥用和衰落》一书，后来扩充为《科学的反革命》，为他今后的思想找到了从个人主义入手的方法论。

战前的欧洲，费边社会主义的论调也颇有影响。“费边是古罗马的大将，以讲究谋定而后动知名。费边社会主义也认为资本主义经济制度有着根本性缺限，但和马克思主义所主张的阶级斗争和暴力革命不同，它主张以民主宪政、和平渐进和点滴改革的方法来实现社会主义的理想，鼓励知识分子谋定而后动，对资本主义经济和社会制度进行改良。”[①]《通往奴役之路》是哈耶克一生的转折点，对于欧洲战后的出路发挥了指点迷津的作用。这本书站在旷野上大声疾呼：全权社会主义将给人类带来道德上和经济上的奴役。但这一观点，在 1944 年的时候无人知晓。哈耶克看到，第二次世界大战结束后，英国很有可能会实现全面国有化的社会主义，而他认为，这将是一个灾难性的后果。早在二战进行中，哈耶克就预言：“现在我们有必要指出一个大家不爱听的事实：我们可能有重复德国命运的危险。”在当时的大多数人来看，这种说法似乎有点危言耸听，怎么能认为英国有变成纳粹德国的危险呢？而哈耶克敏锐地发现，生产资料的政府所有——将把权力集中到国家手中，其结果就跟德国和苏联一样。

哈耶克认为：在德国产生了一种以纳粹主义为最高发展形式的思潮，推动这种思潮进行发展的人，往往具有高水平的道德素养和良好的意愿。德国人之所以痴迷于纳粹主义，并不是因为他们的性格中存在着本质上的邪恶，而是因为他们信奉了集体主义思想：

① 王生升：《弗里德里希·哈耶克》，南京：江西人民出版社，2005 年，第 11 页。

问题不在于德国人为何如此邪恶，而在于：在过去的70年中，环境的影响使一套特殊的观念得以逐渐发展，并取得了最终胜利。为什么这一最终胜利却使德国人人性中最邪恶的因素发展到了极致？

哈耶克的成就就在于正确地抓住了要害：社会中大量生产资料由私人所有和支配，是自由、繁荣和民主之本。而且，通过民主手段所建立的传统社会主义，最后总是导致极权主义。而极权主义的最大特点在于，扼杀个体的自由和全面发展。

哈耶克认为，民主本身不是目的，民主只是手段，是维护国内稳定和个人自由的一种有效工具，但它不可能不出错，也不能保障个人享有充分的自由。用丘吉尔的话说，“民主制度是各种政府形态中最不坏的一种形态”。哈耶克反对的是集体主义，而不是反对民主制度。在社会主义制度下，“阶级”并不能储蓄或投资，只有个人才能做这些事情，一切市场制度都产生于个人的自由行动中。自由社会转变为极权主义制度有三大原因：一是政府运用通货膨胀的措施来管理市场经济；二是社会公平的观念严重地威胁着市场效率和个人自由；三是委托经选举产生的立法机构来制定公众行为法规和政府法规，容易导致特殊利益集团和虚伪的“集体目标”。[①]

哈耶克的理论虽然有些夸张，但也为西欧的一些社会主义国家敲响了警钟，同时也坚定了英美资本主义在大萧条和第二次世界大战后的信心。哈耶克还注意到，个人主义构成了西方文明最重要的核心。从希伯来人提出所有人都是上帝平等的孩子的概念，再到希腊人强调人文主义，到基督教关于灵魂不朽的观点，及由此而形成的人人都具有价值、基督爱每个人的观点，一直到罗马人提出的法律之下的平等思想——西方文明与其他文明不同并优于其他文明的地方，正是它突出和强调了每个个体的重要性。这就是个人主义的演变和发展过程，个人主义最重要的制度屏障就是法治。哈耶克认为，对于社会的政治秩序而言，再也没有比法治更重要的了。不实行法治而实行人治的地方，人们不可能自由。无论是个人还是政府，都要受到事先确定并公布的规则的约束，从而规范自己的行为。自由就意味着法律至上。

哈耶克开始写作《通往奴役之路》时，并不仅仅针对纳粹德国，而是将其与苏联相提并论，并揭示东方极权主义与西方自由民主制度的斗争。由于苏联压制不同意见，所以哈耶克认为，苏联比纳粹德国还恶劣。几乎

① 〔英〕沙克尔顿，洛克斯利：《当代十二位经济学家》，陶海粟等译，北京：商务印书馆，1999 年，第 112—113 页。

在一夜之间，英国、美国的企业家和知识分子人手一册《通往奴役之路》，这坚定了他们对资本主义的信心，尤其是那些政界人士，再不用在“充分就业”“社会保障”“免于匮乏”等概念中纠缠了，哈耶克的书成了一种警示和呐喊。1945年4月，《读者文摘》在美国发表了一个缩写本，并称之为“我们这一代最著名的一本书”，结果又卖出了60万本读者文摘版。政治学家艾本斯坦在《人与国家：现代政治国家》一书中评论道：“最著名的反计划论著是哈耶克的《通往奴役之路》……各种各样的机构都广泛地发售这本著作……哈耶克相信，在计划经济中，总是‘最坏的人爬到权力顶峰’……而英国等致力于制订社会主义计划的民主国家的经验将告诉人们，‘从集体主义的角度看，绝不宽容、残酷压制持不同意见的人士，进行欺骗和间谍活动，完全无视个人的生命和幸福，对于维持计划制度是至关重要的，也是必然的’……只要哈耶克继续在伦敦经济学院教授他的反全体计划体制的经济学，他将始终走在通往自由的高速公路上。”①而一个月后，丘吉尔在英国大选中提到了哈耶克的看法。哈耶克成了大名人，而《通往奴役之路》则成了一种象征。1947年11月6日，著名的朝圣山学社诞

---

①〔英〕阿兰·艾伯斯坦：《哈耶克传》，秋风译，北京：中国社科出版社，2003年，第162页。

生，哈耶克担任主席。哈耶克说，学社的创建标志着“欧洲自由主义运动”的复兴，“美国人给了我莫大的荣誉，认为《通往奴役之路》的出版是一个重大的日子。但我本人则相信，知识分子开始真正严肃地致力于复兴个人自由，尤其是经济领域的自由观念的活动，始于朝圣山学社的创建”。

哈耶克在英国的最后一年离婚了，这件事让他跟罗宾斯的友谊令人痛心地破裂了。罗宾斯认为，哈耶克对他的第一位妻子太薄情了，并有违他心目中哈耶克的道德形象。为此罗宾斯退出了朝圣山学社。1949 年，哈耶克同他的第一位妻子分居，1950 年在美国阿肯色州办理了离婚手续。哈耶克专门跑到阿肯色州，就是因为该州的离婚法律比较宽松。几周后在维也纳，哈耶克同他的初恋情人海伦娜结合。哈耶克和罗宾斯的决裂，对于伦敦经济学院和英国的经济自由主义学术研究产生了巨大的危害，哈耶克离开了英国并在整个五六十年代被英国人遗忘，罗宾斯也逐渐成为凯恩斯主义者。

哈耶克在伦敦经济学院唯一保留下来的是同波普尔的友谊。波普尔回忆他们第一次相遇的情景：“我平生第一次到伦敦后，立刻去拜访了哈耶克，他对我不仅仅是友善而已。他告诉我，他的朋友曾向他推荐我那本《科学发现的逻辑》。于是，我就给了他一本；他向我保证会立刻拜读……结果下周见面时，他已经读完了，而且非常认真地同我讨论这本书，并请我去他的研讨会上宣读一篇文章。你们可以想象，这对我是莫大的鼓励。”哈耶克不仅无微不至地体贴照顾波普尔，为他的代表作《开放社会及其敌人》找到了出版社，还写了最热情的书评，并使波普尔得到了高级讲师的职位，这使波普尔对哈耶克终生感激。1944 年，波普尔写信给哈耶克说：“我觉得我从你那里学到的东西比从任何一位当世的思想家那里学到的都要多。”尽管波普尔热情地赞颂和感谢哈耶克，但他从来不承认哈耶克或任何其他人是他的权威，这或许和犹太人反对偶像崇拜的诫律有关。与此同时，波普尔也深深影响了哈耶克，两人甚至有许多思想相当接近。一位研究哈耶克思想方法的学者曾把哈耶克的方法论思想区分为两个发展阶段：第一阶段持续到 1936 年，遵循的是维塞尔和米塞斯的观点；而第二阶段，始于 1937 年，则融会了波普尔的观点。波普尔曾回忆说：“我觉得我对哈耶克的兴趣转向发挥了一点点影响。”也就是说，波普尔认为，从《自由宪章》和《法、立法与自由》开始，哈耶克阐述的所谓“法律对于确立或创建古典自由主义或自由至上主义的秩序具有核心作用”的思想乃是得益于他。

哈耶克的世界观中高扬人的精神——个人循着自由

与真理，追求一种适合他们自己和他人的生活的能力。显然他的这种认识是一种乌托邦式的，但却与基督教的认识相通。在基督教中，生活中重要的是保持精神的纯洁，出于错误的理由做好事不能证明行为者的合理性，只有基于正当的理由做的事情才算是合理的。对于个人来说，只有唯一的一条道理是合乎基督教教义的，那就是信仰自由和真理，通过自愿地从事正当行为来证明自己的信念。哈耶克认为，种种试图为改善人们的境遇而剥夺人们的自由的努力，正好摧毁了人之为人的本质。自由并不是人类的终极目标，关键还是人道的过程。但是，只有在自由的条件下，才能谈论个人的道德和伦理。

1974 年，哈耶克同瑞典经济学家缪尔达尔分享了诺贝尔经济学奖，这使哈耶克大吃一惊——自己竟然能够获奖；而缪尔达尔也很惊讶，自己竟然要跟人分享！因为瑞典一直是福利国家的典范，被一些人视为“中间道路”——开始的时候是介于法西斯主义与共产主义之间，后来则是介于资本主义和共产主义之间。然而，瑞典人所提议创立的诺贝尔经济学奖，却在影响经济学界倒向资本主义一边的过程中，发挥了相当大的作用。对于自己的获奖，哈耶克确实非常惊讶。他以为诺贝尔奖委员会会认为他“太过时和衰老了”，应该奖励那些近年来思想比较活跃的年轻经济学家，而不应该授奖给一个在很多年前做过一些经济学研究的人，况且近年来他的学术兴趣转移，已经不再搞专门的经济学研究了。当然，他没有拒绝去瑞典领奖。他说："既然诺贝尔经济学奖已经创立了，那么，能够荣幸地与人分享这一奖项，我当然非常高兴。不过，如果当初有人来问我是否应当设立诺贝尔经济学奖，我会毅然决然地予以反对。我担心这样一个奖项使更多的人追逐科学的时髦。"

由于索尔仁尼琴[①]也来参加 12 月举行的 1974 年度诺贝尔奖颁奖典礼，因而这届颁奖典礼非常引人注目。哈耶克在《自由宪章》和 1956 年版的《通往奴役之路》前言中都曾说过，"具有强烈感染力的文学样式"对于创造一种"冷静"对待社会主义的"精神状态"具有重要作用。后来他谈到过索尔仁尼琴，他说："索尔仁尼琴是个非常复杂的人物。由于我和他同时去参加诺奖典礼，所以结识了他。最近，我的《通往奴役之路》出了俄文版，于是我送给他一本。他显然是第一次看到该书，他很快给我回了封信，说他简直难以置信，一个没有在俄罗斯生活过的人，却能跟他一样清楚地看到社会主义的后果。"

---

① 索尔仁尼琴，1970年度诺贝尔文学奖得主，但当年由于担心苏联不让他再回国，所以未来领奖。而1974年他之所以能参加诺奖典礼，理由很简单：他已经被苏联流放了。

三、贝克尔："经济学帝国主义"代表

加里·贝克尔是当代西方最著名的经济学家之一，1992年诺贝尔经济学奖获得者。贝克尔是犹太人，先后获得过普林斯顿大学、芝加哥大学学士、硕士和博士学位。27岁时出版了《差别待遇经济学》一书，向当时在经济思想领域占统治地位的凯恩斯主义提出挑战，30岁就成为哥伦比亚大学教授。从1970年起，一直任教于芝加哥大学，曾担任该校经济学系主任。贝克尔还先后获得过美国著名的克拉克奖、赛德曼奖、威廷斯基奖和麦瑞特奖。[①]

贝克尔是美国芝加哥学派的主要代表和新自由主义经济学派的重要成员。在几十年的研究和教学生涯中，他独树一帜发动了一场以其开创或研究的新家庭经济学、人力资本理论和犯罪经济学等为主要内容的"贝克尔革命"，对整个西方经济学界产生了重大影响。1992年瑞典皇家科学院的授奖词指出：贝克尔"把微观经济学的研究领域延伸到人类行为及其相互关系中"，"不仅

① 〔美〕加里·贝克尔：《家庭论一书》，王献生等译，北京：商务印书馆，2005年。

对经济学，而且也给其他社会科学学科带来了较大影响”。一位法国经济学家则认为，贝克尔在不满50岁时“已跻身于当代美国最著名的经济学家之列”，“是个极为多产的作家，又具有非凡的概念化能力，因此成为经济理论新探讨的轴心人物，他作出的一系列答案以全新的方式解释了当代的大部分问题”；贝克尔的“研究打破了以往被社会学家、心理学家和人类学家视为禁区的领域”。[①]贝克尔对“经济分析的重大贡献之一”，是他“在家庭范畴全面应用了传统上只用于研究企业及消费者的分析框架”[②]，从而“完成了一项革命性的突破”[③]。

1930年，加里·斯坦利·贝克尔出生于美国宾夕法尼亚州东部的小采煤市镇波茨维尔。老贝克尔是加拿大蒙特利尔的犹太人，16岁只身来到美国做生意并到处迁徙。在贝克尔四五岁时，他来到纽约布鲁克林区，并成为一家小企业的合伙人。贝克尔在布鲁克林上的小学和中学 。[④]

老贝克尔只上了8年学，便因迫于生计而中途辍学，

---

①〔法〕亨利·帕勒日：《美国新自由主义经济学》，李燕生译，北京：北京大学出版社，1985年，第256—258页。

② 同上，第253页。

③〔英〕马克·布劳格：《现代百名著名经济学家》，经济科学出版社，1989年，第60页。

④ 王振中等：《诺贝尔奖经济学家学术传略》，广州：广东经济出版社，2002年，第414页。

贝克尔的母亲也只读了 8 年书，因此，按照犹太人对教育的重视程度，他的父母就是再苦再累也要供他上学。贝克尔和他的两个姐姐,学习成绩一直都很优异 。[①]贝克尔从小喜欢体育运动，而对学习却不努力。突然有一天，他放弃了学校的墙手球队，参加了数学小组。那年他 16 岁。[②]为什么会出现这种情况？原因就在于贝克尔所在学校的数学小组经常举办一系列校际竞赛活动，而贝克尔好胜心强，痴迷于这种有趣的竞争游戏。[③]

小时候，贝克尔家里没有什么书，老贝克尔是一个生意人，经常阅读的是有关政治和金融等方面的新闻报刊。后来由于父亲视力减弱，贝克尔就负责每天为父亲读报，帮他了解股票行情和时事新闻，阅读中父子之间还经常就政治和司法问题展开讨论。可以肯定地说，贝克尔后来的世界观和兴趣爱好与这一习惯密不可分。在中学的低年级阶段，贝克尔的主要兴趣集中在数学和自然科学，尤其喜欢数学小组的智力竞赛。到了高中时代，由于家庭环境的影响，贝克尔开始关注美国的政治与社

① 陈光金、刘小珉：《新经济学的拓疆者——贝克尔评传》，太原：山西经济出版社，1998 年，第 2—3 页。

② 王宏昌：《诺贝尔经济学奖获得者讲演集（下册）》，北京：中国社会科学出版社，1997 年，第 187 页。

③ 柳适等编译：《诺贝尔经济学奖得主演讲集》，呼和浩特：内蒙古人民出版社，1998 年，第 511—518 页。

会变迁，并逐渐产生了一种要“为社会做点什么”的使命感。[①]

1947 年 9 月，贝克尔成为普林斯顿大学的一名新生。他偶然选修了一门经济学课程，并为这门研究社会组织的学科所具有的数学严格性所深深吸引，直到这时他的使命感与个人爱好才逐渐清晰起来。在紧接着的夏季，他读了好几部经济学方面的著作。与此同时，由于家庭情况的原因，他决定在经济上独立，并打算用 3 年的时间完成大学本科的学业，这在普林斯顿大学也是少有的事。为了实现这一目标，他将许多精力都用来选修其他课程，尤其是为代数和微分方程课付出了巨大的心血。这为他日后在经济学中越来越多地运用数学打下了坚实的基础。

在大学高年级，贝克尔对经济学不再感兴趣，因为它似乎同重要社会问题无关。他打算改学社会学，又担心社会学太难。幸运的是，他后来还是读了芝加哥大学的研究生。1951 年，贝克尔第一次对弗里德曼的微观经济学产生了兴趣。次年，便发表了两篇论文：《古典货币理论:一个讨论结果》和《多国贸易评论》。到 1957 年，他不仅发表了与弗里德曼合写的一篇论文，而且在博士

---

① 陈光金、刘小珉：《新经济学的拓疆者——贝克尔评传》，太原：山西经济出版社，1998 年，第 3 页。

论文的基础上出版了《歧视经济学》一书。此后，他又陆续出版了《差别待遇经济学》《生育率的经济分析》《人力资本》《人类行为的经济分析》《家庭论》等书。工作方面，也由芝加哥大学的助理教授升到哥伦比亚大学的教授，1983 年以后则一直担任芝加哥大学的经济学和社会学系教授和系主任，还于 1990—1992 年担任过朝圣山学会的会长。

以贝克尔 1976 年出版的《人类行为的经济分析》一书为标志，经济学已经发展到广义化阶段，经济学研究的领域几乎囊括了人类的全部行为，从结婚到离婚，从生育到教育，从歧视行为到利他主义，从政治选举到违法犯罪，不一而足，并因此获得了 1992 年度的诺贝尔经济学奖。广义经济学研究由于“扩张”“侵略”“霸占”了许多非经济学的领地,而被戏称为“经济学帝国主义”。经济学的广义化被认为是人类思想史上的一场深刻的革命，它表明经济学可以用来从根本上理性地分析人类的一切行为和人类社会的一切问题。广义经济学认为，人类的一切行为其实都蕴含着效用最大化的经济性动机，都可以运用经济学的“成本—收益分析”方法研究和说明“经济”一词的本义，即用尽量小的成本换取尽量大的收益。当然，这种成本和收益既可以是货币的或物质的，也可以是心理的或精神的，而后者也是可以通过微观经济学的“消费者均衡分析”方法来进行货币度量的。[①]

家庭理论是贝克尔理论体系的主要内容，1981 年出版的《家庭论》是他最重要的代表作。该书从单个人的居民户分析开始，不仅研究了家庭内的劳动分工和一夫多妻制现象，而且还探讨了对孩子的需求、教育和动物群体的家庭等问题。贝克尔认为，家庭是人类社会生活最基本的一个细胞，尽管千百年来社会、经济、文化环境已经发生了巨大变化，但家庭却依然保留了对全部制度的最大影响。在包括现代市场经济在内的一切社会里，家庭对一半或一半以上的经济活动都承担着责任。通过对家庭的分析，不仅可以窥见人类历史的许多方面，而且可以指导人们未来的行为。

贝克尔利用自己提出的方法，对家庭生活的各个方面进行了深入而独特的分析。他认为，家庭是由多个人组成的生产单位，不同成员的商品、时间、货币和技能等生产要素的投入会产生联合效用，这些效用主要包括孩子、商品、技艺、健康和声望等家庭产出。家庭行为受货币和时间两个因素的限制，决策的代价要用时间和货币来衡量。当一个家庭的时间和货币为既定时，为了

① 陈桂玲等:《解读诺贝尔经济学大师》，北京:现代出版社，2004 年，第 248 页。

使家庭行为最大化，家庭成员就在户主的组织下，对有限的资源进行最合理的配置，进行家庭生产。仿佛企业一样，夫妻双方通过订立一份把他们长期结合在一起的契约，避免了支付交易费用，降低了生产成本。同时，家庭成员之间彼此了解、相互信赖，这就减少了监督和管理费用。因此，家庭就是一个有效率的经济单位。人为什么要结婚、离婚？怎样才能降低离婚率？贝克尔认为，人们结婚的目的在于想从婚姻中得到最大化的收入。如果婚姻收入超过单身的收入，那么，人们就会选择结婚；否则，就不如独身。[①]

如同存在着商品市场一样，也存在着一个婚姻市场，它表明人类的婚姻具有高度的系统性和组织性。在一个有效率的、自由竞争的婚姻市场上，每个人都能找到自己的最佳伴侣，因而能使自己的效用最大化。一些高质量的男子宁愿和低质量的女子白头偕老，这样可以优势互补、扬长避短，比如：男子专心于狩猎、种田等市场活动，而妇女则致力于生儿育女和操持家务，从而使家庭产出最大化。一般来说，一个完全家庭的效率要比不完全家庭的效率高。在一夫多妻制的社会里，其获得的相对收益低于一夫一妻制的婚姻。

---

① 〔美〕加里·斯坦利·贝克尔：《家庭论》，王献生等译，北京：商务印书馆，2005 年，第 4—5 页。

能否准确而及时地掌握婚姻市场上的信息，是一个人能否从婚姻市场上获得最大效用的本质所在，也是一个人决定离婚与否的根源之一。尽管人们在婚姻前总是千方百计地了解对方，但由于种种原因，还是无法准确判断，因此，草率结婚就成了离婚的主要原因。但若再寻找新的伴侣可能需要重新投入货币和精力，所以，大多数人虽然不幸福，也不愿离婚。若一个人在新的婚姻中能得到更大的效用，他就会选择离婚。

家庭收入、父母的时间价值、子女的质量、姐妹兄弟的数量和质量等综合因素，始终决定着一个家庭的生育率，尤其是一个家庭的经济实力，更是生育率的决定性因素。显然，孩子是双亲同时拥有的“耐用消费品”，因此，生育的比较成本及生产是否有利可图，决定着生育的数量。当今的西方发达国家的许多家庭就是通过减少生育的数量和提高生育的质量，从而获得相同的总收益。尽管很多经济学家质疑家庭中利他主义的重要性，但贝克尔仍坚持认为，以这样一种观念看待家庭，可以“保证家庭成员能够抵御自然灾害和其他随之而来的不测事件”。

按照贝克尔的观点，经济学是充分享受生活的艺术，经济学研究方法提供了应用分析一切人类行为的结构。经济学能够解释人类行为的所有方面。在这种观念的驱使下，贝克尔始终用自己首先提出的经济学理论来探讨人类纷繁复杂的社会问题，不仅填补了经济学方面的一个空白，而且在消费、犯罪、教育和社会保障等方面具有创新意义和使用价值，获诺贝尔经济学奖当之无愧。

关于贝克尔的这种“经济学帝国主义”方法论，有很多人提出怀疑与非议。他们认为，如果人类的一切行为都可以按经济学的原则予以科学地统一解释与描述，那么其他社会科学领域便失去了存在的理由。然而，不管最终人类如何评价贝克尔的思想价值，他所代表的对人类行为提供经济分析的尝试，已在西方经济学界形成一种重要的学术流派。正如贝克尔所言：“我感到印象深刻的是，有那么多的经济学家都想致力于研究各种社会问题，而不是那些构成经济学的传统核心的问题，与此同时，来自各领域的认真思考社会问题的专家，常常由于个体理性假设所提出的分析力量，而被吸引到构造行为模型的经济学方法上来。”①

① 〔英〕J.R. 沙克尔顿等:《当代十二位经济学家》，陶海粟等译，北京：商务印书馆，1992 年，第 13—34 页。

四、历尽磨难的博弈论大师豪尔绍尼

约翰·豪尔绍尼由于在非合作博弈论理论方面所做出的开创性贡献，与美国经济学家约翰·纳什、德国经济学家莱茵哈德·泽尔滕一起分享了1994年度诺贝尔经济学奖。根据瑞典皇家科学院公报，豪尔绍尼在博弈论方面的主要贡献在于：给出了不完全信息博弈的方法，从而为信息经济学提供了理论基础。除此之外，他还在福利经济学和经济哲学方面获得了重要研究成果。[①]

豪尔绍尼是一位犹太人，在20世纪30年代由于受到纳粹分子和反犹主义的迫害，流离失所，历尽磨难，饱经沧桑。中国的一位经济学家曾见到过豪尔绍尼，他这样写道："这是一张用刀刻出来的脸……我被这样一张饱浸了苦难和坚毅的脸震撼了。我被震撼是因为那足以洞见人类灵魂的却因饱经沧桑而愿意包容一切的目

---

① 王振中、李仁贵：《诺贝尔奖经济学家学术传略》，广州：广东经济出版社，2002年，第458—459页。

光，让我一瞬间便明白了什么是人格的伟大……”[①]豪尔绍尼的一生是非常传奇的一生。

约翰·豪尔绍尼于1920年5月29日出生在匈牙利的布达佩斯，他的父亲是位药剂师，在布达佩斯的大街上开了一家药店。由于家中有稳定而丰裕的收入，豪尔绍尼被送进布达佩斯最好的中学之一卢盛兰高中。著名的博弈论大师冯·诺伊曼就是该校的毕业生。1937年，即高中毕业那年，豪尔绍尼荣获匈牙利全国高中生年度数学竞赛一等奖。这对于年仅17岁的豪尔绍尼来说，是一件很了不起的成就。他获得了一枚戒指作为奖品，这枚戒指一直被他自豪地戴在手指上，陪伴他度过风雨人生。[②]

尽管豪尔绍尼的数学才能如此出众，但当他进入大学时却没有选择攻读数学专业。关于这一点，他后来同好友泽尔滕提到过，他说他从未为数学推理本身所吸引，而真正感兴趣的却是在数学结论之后隐含的哲学意义。由于豪尔绍尼是一个独生子，父母希望他日后能够子承父业，所以他在布达佩斯攻读的是药剂学。当然，他的数学天赋和对哲学的爱好并未被他完全置之脑后，他的

① 引自汪丁丁《穿越沼泽》一文。

② 黄涛著:《理性的沉思——豪尔绍尼评传》，太原:山西经济出版社，1999年，第1页。

业余时间完全留给了这两门学问。[①]

如果不是由于爆发了第二次世界大战，豪尔绍尼也许会成为布达佩斯街上一名优秀的药剂师或药店老板。大战改变了世界，也改变了他的命运。希特勒德掌权后，其影响逐步向匈牙利渗透。作为药剂师可以缓服兵役，否则，作为犹太人就必须在匈牙利军队的强制劳动单位中服役。豪尔绍尼推迟了服役期。直到 1944 年 3 月德国军队占领匈牙利，他才被迫于 1944 年 5 月起在一个劳动单位中服役。同年 11 月，纳粹当局最终决定将豪尔绍尼服役单位的所有犹太人赶往奥地利的一个集中营。后来，他的大多数同胞都死在那个集中营，幸亏豪尔绍尼在火车站逃走，并被一位他所熟悉的耶稣会教父藏匿于其教堂的阁楼之中，这才幸免于难。

1946 年，豪尔绍尼再次进入布达佩斯大学攻读哲学博士学位，并辅修社会学和心理学。由于他先前已有药剂学学分，仅仅经过一学年的课程学习并撰写了一篇哲学论文后，便于 1947 年 6 月取得了博士学位。

1947 年 9 月至 1948 年 6 月，豪尔绍尼成为布达佩斯大学社会学学院的助教。在参加他讲座的学生中有位心理学系女学生，名叫安妮 · 克拉帕。她经常迟到，豪

① 杨建邺：《火星来客——诺贝尔奖与犹太人》，武汉：武汉出版社，2002 年，第 188—190 页。

尔绍尼对此很生气，便找安妮谈话，结果安妮却成了他后来的妻子。在当时的政治形势下，因为豪尔绍尼的政治观点，他被迫从布达佩斯大学辞职。安妮继续着她的学业，却不断受到一些同学要她与豪尔绍尼断绝关系的骚扰。这使她比豪尔绍尼更早地意识到匈牙利正成为一个专制的国家，她认为他们唯一理智的选择就是尽快逃离匈牙利。

1950 年 4 月，他们选择了一条边防军防守相对松懈的沼泽地，逃到了奥地利。按照豪尔绍尼的说法，这是一次非常惊心动魄的经历，“没有被匈牙利边防部队抓住或击毙是非常幸运的”。一位采访过豪尔绍尼的中国经济学家详细地描述了这次穿越沼泽地的过程：

1950 年 4 月中旬的一个傍晚，两个大学生模样的年轻人约翰和安妮，谨慎地尾随着他们的向导，悄悄走进了奥地利与匈牙利边界的一大片沼泽地。这里流传着许多让人胆寒的故事。大沼泽的妖怪们会从脚下冷不防将你拉进深渊，它们喜欢把人从里到外灌满泥浆再吞噬下去，就像北京人喜欢把油条泡进豆浆里吃那样。即便你侥幸没有碰到妖怪，也要小心你的向导，这些向导们有着背信弃义的恶名。他们为了双倍的报酬将那些依托于他们的可怜的逃亡者出卖给秘密警察。在这令人望而却步的沼泽地周围，是国防军的巡逻队，他们只要看见有人穿越沼泽，就开枪射击。这些被意识形态完全扼杀了情感的人，他们的同胞正是为了逃避他们的伤害才不得不穿越这片大沼泽。可是在沼泽地的那边，静静地等候着逃亡者落网的，是苏军在奥地利托管区埋下的无数地雷。没有人知道这些地雷埋在什么地方，没有向导知道沼泽那边有地雷区。至今，冷战结束了10年，那些地雷仍然静静地躺在那儿……[①]

也许是上帝在悄悄地引导豪尔绍尼逃离死亡，就仿佛上帝引导摩西和犹太人穿越红海一样，他们成功地逃到了奥地利。在奥地利逗留几个月后，于1950年12月30日抵达澳大利亚的悉尼，并于1951年1月2日结婚。

由于英语基础不好，并且匈牙利大学的文凭得不到澳大利亚的承认，所以他们在澳大利亚度过了一生中最艰难的岁月，开始的几个月甚至是“最黯淡的日子”——因为他总是找不到合适的工作，当工人又总是失败。幸运的是，他最后还是在煤矿工业联合会找到一个做统计报表的工作。这时，他对经济学有了兴趣，在业余学习之余还写了几篇关于国际贸易的论文，并在1953年年底取得了悉尼大学的文学硕士学位。

① 引自汪丁丁《穿越沼泽》一文。

1954 年，豪尔绍尼成为昆士兰大学的经济学讲师。该大学位于澳大利亚的布里斯班市，豪尔绍尼又回到了可以一展自己才华的大学。当时，纳什的几篇经典论文已经发表，引起了他对博弈论的兴趣。1956 年他发表了第一篇关于博弈论的论文，从此开始了这一领域内创造性的研究工作。

1956—1957 年，豪尔绍尼获得美国洛克菲勒基金会的资助去斯坦福大学访问。在为豪尔绍尼 1976 年出版的第一部论文集[①]所作的前言中，他的导师肯尼思·阿罗[②]写道：

当豪尔绍尼来斯坦福大学攻读博士学位时，我问他为什么要多此一举，因为对他而言，很难说还有什么东西需要向我们学习。他那时已经是位学识渊博的学者，除了经济学方面的一些文章以外，他的这本文集中的头两篇论文已经发表。我对其中的创造性以及哲学洞察力与技能的结合深感吃惊。无论如何，我们现在很高兴没有劝阻他。他在我们这里是否学到了有价值的东西我不

① Harsanyi，John C.（1976）*Essays on Ethics，Social Behavior and Scientific Explanation*，Dordrecht/Boston：Reidel.

② 肯尼思·阿罗：犹太人，1972 年诺贝尔经济学奖得主。

知道，但我们从他那里学到了许多。[①]

豪尔绍尼在斯坦福大学的访问结束后，在考来斯委员会担任了一年的助理研究员，然后返回斯坦福大学成为一名助理教授。1958 年，他在该大学获得了哲学博士学位。随后，他返回澳大利亚，在堪培拉市的国立大学做了两年高级研究员，不过他感到远离了科学研究的主导中心，于是在 1961 年受聘为维多利亚州立大学经济学教授，在那里一直待到 1964 年。这期间，他对不完全信息博弈理论产生了兴趣。1961 年曾在普林斯顿大学对一小群人作了关于这一问题的讲演，那时他尚未发现他获得诺贝尔经济学奖的简洁方法。1964 年，豪尔绍尼转至加利福尼亚大学伯克莱分校，作为终身教授在该校商业管理学院工作，一直到 1990 年退休。

博弈论又称游戏理论或对策论，它是利用数学方法来研究有利害冲突的双方在竞争性活动中是否有制胜对方的方案，如果有的话，又如何找出这种方案，也就是说，任何决策的制定必须将自己的决策对其他参与人的决策所产生的影响作通盘的考虑才行。1928 年，豪尔绍尼的校友和犹太同胞冯·诺伊曼发表了《团体游戏理论》一书，

---

① 黄涛：《理性的沉思——豪尔绍尼评传》，太原：山西经济出版社，1999 年，第 4 页。

堪称博弈论的奠基之作。目前，博弈论已经成为当代经济学家们不可或缺的工具，而且已被广泛地运用于许多重要领域。

第五章　犹太人与诺贝尔文学奖

戏剧中的真理总是难以捉摸的。你可能永远也不会找到，但是对真理的寻求却是必须的。

——哈罗德·品特

政客们所用的政治语言不敢斗胆进入这一领域，因为根据我们掌握的证据，绝大部分政客感兴趣的不是真理，而是权力以及维护那种权力。为了维护那种权力，人民必须处在无知的状态之中，他们必须生活在对真理的无知当中。因此，包裹着我们的是一张巨大的充满着谎言的挂毯。我们就生活在这些谎言之中。

——哈罗德·品特

不管你相信什么，你都会死掉；但是，假如你什么都不相信的话，那么对活人来说，你已经死了。

——凯尔泰斯·伊姆莱

艺术与其说是更好的，不如说是一种可供选择的存在；艺术不是一种逃避现实的尝试，相反，它是一种赋予现实以生气的尝试。艺术是一个寻找肉体却发现了词的灵魂。

——布罗茨基

从未有过的无聊和空虚。我记得在卡夫卡的日记中有这么一句话："种种花吧。未来已经没有希望。"至少，他还可以种种花。我想他还是有东西可写的。但是，我却连一点灵感都找不到了。

——贝克特

一、诺贝尔文学奖中的"犹太现象"

2005 年 10 月 13 日，快到中午的时候，3 天前刚刚过完 75 岁大寿、因癌患初愈而行动不便的哈罗德·品特，正待在他伦敦的家中。11 点 40 分，电话响了，话筒那边有人告诉他，诺贝尔奖委员会主席要跟他通话。

"为什么？"品特问。

主席在那头接过电话，向他郑重宣布："您获得了诺贝尔文学奖。"

"我啥也说不出来，就这么待了好几分钟。"品特事后回忆道，"可此事让我深受触动，尽管我一时没回过神儿来。我不知道他们为什么给我这个奖。"

20 分钟后，即当地时间正午 12 点，瑞典学院正式对外宣布了品特获奖的消息。时为北京时间晚上 7 点整，我坐在家中的电脑前，不停地按着键盘上的 F5，疯狂地刷新着诺贝尔奖官方网站的首页，过了一两分钟——不是整点，页面上方正中一小块内容突然变了：哈罗德·品特。[①]

---

① 康慨：《哈罗德·品特的两个舞台》，《中华读书报》，2005 年，第22页。

哈罗德·品特是一位英国犹太人。包括他在内到2005年共有15名犹太人获奖，占获奖总人数98人的12.24%。此外，还有几位犹太作家菲力菲·罗斯、米兰·昆德拉、诺曼·梅勒和库特·冯尼格成为诺贝尔奖最有力的候选人，形成了诺贝尔文学奖历史上独特的“犹太现象”。

哈罗德·品特未出席诺贝尔奖颁奖典礼。品特缺席的理由是正处于食道癌的术后恢复期，并摔伤缝了9针。不过，他将派自己的出版人代为领奖。

获诺贝尔文学奖的犹太人如下：

1910年，保尔·海泽（德国）
1927年，亨利·柏格森（法国）
1929年，托马斯·曼（德国）
1958年，帕斯捷尔纳克（苏联）
1966年，约瑟夫·阿格农（以色列）
奈丽·萨克斯（瑞典）
1969年，塞缪尔·贝克特（爱尔兰）
1976年，索尔·贝娄（美国）
1978年，艾萨克·辛格（美国）
1981年，埃利亚斯·卡内蒂（英国）
1987年，约瑟夫·布罗茨基（苏联）

1991 年，内丁 · 戈迪默（南非）
2002 年，凯尔泰斯 · 伊姆莱（匈牙利）
2004 年，耶利内克（奥地利）
2005 年，哈罗德 · 品特（英国）

犹太人的标签不比诺贝尔奖的桂冠般能够带来美金和声望，更多的时候，它与苦难、流浪、屠杀和死亡等联系在一起。无论是托马斯·曼、帕斯捷尔纳克、阿格农、卡内蒂、布罗茨基，还是凯尔泰斯 · 伊姆莱，他们都因自己的犹太身份而历尽磨难、到处流浪。面对世界的黑暗和苦难，他们要么绝望，要么在忍耐中等待着弥赛亚的拯救，要么被同化，要么反抗……而这一切就构成了独特的“犹太性”和丰富的主题，这些主题恰恰蕴涵了文学的本质。再加之他们到处流浪，和西方文化进行了大规模的整合与融汇，从而使他们的创作构成了对人类所有困惑和普世价值观的解答。

此外，犹太民族是世界上最不擅长遗忘的民族。他们对自己民族所遭受的杀戮、追逐、逃亡、暴力、死亡和被同化与异化，保留了鲜活而深刻的民族记忆，体现了全人类的哲学关怀。

勒维纳斯在《塔木德四讲》中写道：“在弱肉强食的当今世界，自由就意味着责任，因此，自由是非常艰难的,没有戒律的人类更加可怕。”[①]犹太人由于永不放弃其戒律并追求信仰的自由，从而遭致了苦难，但是在苦难中又更加向往自由，构成了“自由的悖论”。犹太教的真谛就是“我是所有他人的人质”，这让每一个犹太人深深体会到世界的黑暗和生命的无常，而这就是解开诺贝尔文学奖“犹太现象”的一把钥匙。

① 〔法〕艾曼纽尔·勒维纳斯：《塔木德四讲》，关宝艳译，北京：商务印书馆，2002 年，第 10 页。

二、帕斯捷尔纳克：自由的灵魂

1958年10月23日，瑞典文学院宣布授予《日瓦戈医生》的作者帕斯捷尔纳克诺贝尔文学奖。此事在苏联境内引起了一场轩然大波，形成了诺贝尔文学奖颁发以来前所未有的惊人轰动，史称“帕斯捷尔纳克事件”[①]。

早在1948年，帕斯捷尔纳克就动笔写作了《日瓦戈医生》[②]，但由于各种原因，进度缓慢。1954年夏，帕斯捷尔纳克终于写完了《日瓦戈医生》，他将这部作品看作自己毕生最不为之羞愧的一部作品。紧接着，他将书稿的清样分别送给了《旗》与《新世界》两家杂志审阅。1954年《旗》第4期就选登了书中的一组诗歌，并对该书作了简介。《新世界》杂志主编则回信说，小说太长，可能会选登几章。于是，帕斯捷尔纳克在焦急中等待着下文。

1956年5月，莫斯科对外广播时用意大利语报道了《日瓦戈医生》的内容及完成情况，这时一位在莫斯科广

---

① 刘洪一：《犹太名人传——文学家卷》，郑州：河南文艺出版社，2002年，第227页。

② 小说最初取名《少男少女》，写作过程中几易其名，最后定为《日瓦戈医生》。

播电台工作的意共党员记者注意到这一消息，迅速登门拜访帕斯捷尔纳克，并索要《日瓦戈医生》的原稿。当时帕斯捷尔纳克很犹豫，一方面他很希望著作尽快面世，另一方面他想，让《日瓦戈医生》首先在国外出版是否合适？最后，他认为，在莫斯科电台工作的意大利人和他代表的出版商都是意共党员，应该不会有什么大问题。当他将原稿交给来人时，幽默地开了一句玩笑："这下您让我自己把自己推上了断头台。"[①]但是，情况却被他不幸言中了。很快，《新世界》杂志就给他来了信，认为小说对俄国知识分子和人民一起投身"十月革命"作了否定回答，该杂志不予发表。马上就传来消息说，苏共中央文化部部长波里卡尔波夫作出批示，《日瓦戈医生》必须首先在国内出版，然后才能在国外出版，并责令帕斯捷尔纳克无论如何要从意大利人手中索回原稿。得到书稿的意大利出版商费里蒂涅态度很明确，绝不退回原稿，即使犯罪也要将该书出版。他说，他不能对人类隐瞒这部杰作，如果隐瞒了，就等于犯了更大的罪。

苏联作协对此书很关注，一方面通过苏联驻意大利使馆和意共领导人，劝说费里蒂涅延期出版该书；另一方面敦促帕斯捷尔纳克给费里蒂涅写信，以小说须作修改为由索回原稿，否则就将违背作者意愿。但一切无济

① 高莽：《诗人之恋》，外国文学出版社，1991年，第298页。

于事，费里蒂涅不仅退出意共，而且于1957年11月推出了《日瓦戈医生》的意大利文版，并以最快的速度推出了11种译本，两年后该书被译成24种语言，轰动全世界。这使帕斯捷尔纳克深感欣慰，尽管大祸马上就要临头。①

自1946年，帕斯捷尔纳克作为“杰出的诗人”已多次被提名为诺贝尔奖的候选人。《日瓦戈医生》一书问世后，他又被推荐为诺贝尔奖候选人。由于小说描写了俄国部分旧知识分子对十月革命抱怀疑态度或持反对立场，这引起了西方前所未有的轰动。因此，诺贝尔奖委员会以他“在现代抒情诗和俄罗斯伟大叙事诗传统方面所取得的重大成果”授予他诺贝尔文学奖。多年以后，诺奖委员会主席、斯德哥尔摩大学文学教授谢尔·埃斯普马克在他的《诺贝尔文学奖内幕》（1986年）一书中谈到帕斯捷尔纳克获奖一事的背景时说：“这奖项是赞扬一位具有开拓精神的诗人和一位具有高尚的人道主义和托尔斯泰式纯洁的小说家。人们远没有把他看作是苏联制度的批评者，而是在他身上看到了一种伟大的艺术独立性，人们谨防政治误解。”

在得知获奖的消息后，帕斯捷尔纳克怀着激动的

① 包国红：《风风雨雨“日瓦戈”——<日瓦戈医生>》，昆明：云南人民出版社，2001年，第87页。

心情向瑞典文学院拍了电报："无比感谢，激动，自豪，惊奇，惭愧。"令他吃惊的是，他获奖的消息立刻在苏联引起了轩然大波——1958 年 10 月 25 日，苏联《文学报》发表了《国际反动派的一次挑衅性的出击》一文，点名批评他；26 日，《真理报》发表了《围绕一株毒草的反革命叫嚣》；同一天，《新世界》杂志 7 名编委联合给《文学报》写信，一致谴责帕斯捷尔纳克"玷污了苏联作家和公民的起码荣誉和良心"，把灵魂卖给了帝国主义；苏联文艺界也纷纷举行集会，公开谴责帕斯捷尔纳克是"隐藏的敌人"和"冷战的旗手"，还有人举着标语到苏联作协去游行，要求驱逐他："犹大——从苏联滚出去！"27 日，苏联作协理事会主席团、俄罗斯作协筹委执协局、莫斯科分会理事会主席团召开联席会议，"鉴于帕斯捷尔纳克政治上和道德上的堕落以及对苏联人民和社会主义和平与进步事业的背叛行为"，决定开除他作协会员的资格。[①] 29 日，在高压之下，帕斯捷尔纳克被迫主动向瑞典文学院拍了第二封电报："由于考虑到我们社会对于此项荣誉和巨奖之看法，我必须拒绝授予我的这份我本不配获得的奖金。请诸君

① 〔法〕若利韦、〔瑞〕斯特龙伯格：《诺贝尔文学奖秘史》，王仁鸿译，北京：中国友谊出版公司，1989 年，第 267 页。

切勿介意。”[①]

紧接着，在团中央第一书记谢米恰特内的煽动下，一批青年人的“爱国情操”超常发挥，不断到帕斯捷尔纳克的住宅前示威和游行，并用石块砸碎他家的玻璃。谢米恰特内还建议开除他的国籍，并将他驱逐出境。这使帕斯捷尔纳克非常恐惧，眷恋故土之心曾使他为此想到自杀。1958 年 11 月 4 日，苏联报纸公布了帕斯捷尔纳克 10 月 31 日写给赫鲁晓夫，要求留在苏联的信 ：“我生在俄罗斯，长在俄罗斯，在俄罗斯工作。我和她是连在一起的……让我离开我的祖国，对于我来说等于让我去死，因此恳求对我不要采取这种极端

---

① 帕斯捷尔纳克的获奖使苏共中央和作协大为震撼，逼迫他公开声名拒绝诺贝尔文学奖。起初，帕斯捷尔纳克无比坚强，坚定地拒绝了这一无理要求。他在给作家协会主席团的信中说 ：“任何力量也无法使我拒绝——一个生活在当代的苏联作家的荣誉。但诺贝尔文学奖我准备赠送给保卫和平委员会……我知道在社会舆论压力下必定提出开除我作协会籍的问题。我并未期待你们会公正对待我。你们可以枪毙我，或将我流放，你们什么事都干得出来。我预先宽恕你们。但你们用不着过于匆忙，这不会给你们带来幸福，也不会增添光彩。你们记住，若干年后你们将不得不为我平反昭雪。在你们的实践中这已不是第一次了。”在当时的铁幕统治下，帕斯捷尔纳克敢于这样义正辞严地反抗当局，实属难能可贵。个别无耻的领导人见制服不了他，竟以威胁帕斯捷尔纳克的红颜知己为手段来要胁他。为了不使心爱的人遭受更大的灾难，帕斯捷尔纳克才被迫拍了第二封电报。

的措施。”[①]

苏联国内对帕斯捷尔纳克的迫害，引起了全世界的关注，许多有声望的学者名流以至政府首脑纷纷向苏联政府提出抗议，尤其是各国的作家反应非常强烈。在英国，艾略特、格林、赫胥黎、罗素、毛姆和福斯特等文坛名流联名给苏联作协主席拍电报表示抗议："我们深切地关怀世界最伟大的诗人之一帕斯捷尔纳克的命运。我们认为，《日瓦戈医生》是一个动人的个人经历的见证而不是一个政治文本。”奥地利的作家、意大利全国作家联盟、巴西争取文化自由协会，以及亚洲一些国家的作家团体也纷纷抗议。特别是印度总理尼赫鲁，指示印度驻莫斯科大使与赫鲁晓夫交涉，并直接给赫鲁晓夫打电话说，如果不停止迫害，他本人将出任“保卫帕斯捷尔纳克委员会”的主任。这才使迫害中止。但帕斯捷尔纳克受此打击，身心交瘁，长病不起。两年以后，含冤去世。

鲍利斯·帕斯捷尔纳克于1890年2月10日生于莫斯科的一个艺术家家庭。他的父亲列昂尼多·帕斯捷尔纳克起初有志学医，中途放弃，转而习画。家境清贫而又无甚名气。为镇静身心，便领着妻子罗莎·考夫曼从

①〔俄〕帕斯捷尔纳克:《人与事》，乌兰汗等译，北京:生活·读书·新知三联书店，1991年，第318页。

奥德萨迁徙到莫斯科。罗莎·考夫曼是位才华出众的钢琴家，[①]但为了跟随丈夫，只得辞去演奏者和奥德萨音乐学院教授的职位。因为当时有严禁犹太人居住大城市的条例，列昂尼多便毅然改变了信仰。在帕斯捷尔纳克的幼小心灵中，留下更多的则是对穷人和备受欺凌的妇女的怜悯。他曾在《自传随笔》中回忆道：

由于经常接触穷苦人和流浪人，附近林荫道的邻居又是一些受歧视的人，他们的遭遇，他们歇斯底里的发作，我时有所闻。所以我过早地怜悯妇女，一辈子万分地怜悯她们，而对于比我会早死的双亲，我更是十二分地怜悯。为了让双亲能摆脱地狱的苦难，我要做一番无比光辉而不同凡响的事。

帕斯捷尔纳克的家里常常举行家庭音乐会，许多著名作家和艺术家都是他们家的座上客。后来，老帕斯捷

---

① 罗莎很小就开始练习钢琴，14 岁时就前往维也纳学习音乐，多次出国演出，媒体认为她不但艺术处理卓越，而且能够深刻领会和阐述作曲家的思想精髓，其演奏水平可以和李斯特、鲁宾斯坦等大师媲美。18 岁后，她便执教于奥德萨音乐学院。1881 年，罗莎参加了鲁宾斯坦指挥乐队排练演奏肖邦的乐曲，在场的观众都是音乐家。当乐曲演奏完毕时，鲁宾斯坦走到罗莎面前，热情地亲吻她，并用双手把这个小姑娘高高举在头上，对观众说：“这章乐曲就应当像她这样弹奏！”那一年，罗莎年仅 12 岁。

尔纳克在莫斯科成为一名著名画家，并担任莫斯科美术建筑学院的教授和美术院士。列夫·托尔斯泰经常来听他母亲演奏，并成为他父亲的至交。1892年，老帕斯捷尔纳克受托同列宾等人一起为托尔斯泰的《战争与和平》的豪华版做插图而一举成名，家境逐渐好转。老帕斯捷尔纳克不仅经常为托尔斯泰的作品画插图，还为托氏及其家人绘制了不少肖像和素描，帕斯捷尔纳克还经常陪父亲到托尔斯泰的庄园，画家与作家在一起讨论插图的场景深深映在他的脑际。1910年，当托尔斯泰因伤寒离家出走躺在阿斯塔波沃火车站站长家的时候，老帕斯捷尔纳克带着儿子见了这位大文豪最后一面，并为他画了最后一幅肖像。在鲍利斯的心目中，他这次见到的并不是长着长长白髯的巨人和高山，而是一个"满脸皱纹的小老头，是托尔斯泰写过的数十个散布在他作品中的小老头之一"[①]。而托尔斯泰正是他的精神导师。

帕斯捷尔纳克在莫斯科上德语学校期间，父亲的朋友、犹太大诗人里尔克常常来访，并通过老帕斯捷尔纳克去拜访托尔斯泰。帕斯捷尔纳克10岁那年就见到了里尔克，但这也是最后一次。老帕斯捷尔纳克回忆说："不论是他还是我，连做梦也没想到这位伟大的德语诗人在

① 包国红：《风风雨雨"日瓦戈"》，昆明：云南人民出版社，2001年，第7页。

以后的日子里会对他产生那么强烈的影响。”[①]里尔克堪称帕斯捷尔纳克诗歌创作的启蒙老师，在他后来的创作中，许多方面都体现了里尔克的思想，那就是对大自然与人类的热爱和对战争与暴力的反感，以及诗人与宇宙和死亡之间的和谐。他在20世纪30年代所写的自传体小说《安全保护证》就是献给里尔克的。他在写给里尔克的信中声称："我把我性格的基本特征和精神生活的全部积蓄都归功于您。”“我一直在因您的诗歌那广阔、无穷、深邃的恩赐而无限地感激您。”“我已不止一次地感觉到，您对于我来说已成为一个启示。”[②]帕斯捷尔纳克在谈到他和父亲在库尔斯克火车站第一次见到里尔克的情景时说，一个披着蒂罗尔[③]式的斗篷的人向他父亲走过来，与他同行的是一位高个子女人[④]，这个女人大概是他的母亲或姐姐，来拜访他们的朋友托尔斯泰，并且在问火车会不会在柯兹洛瓦雅车站停下，马车在那个车站接站，送他们去托尔斯泰的庄园。尽管帕斯捷尔纳克熟谙德语，但那个人说的德语他从来也没有听说过。看到

---

① 〔俄〕帕斯捷尔纳克：《人与事》，乌兰汗等译，北京：三联书店，1991年，第10页。

② 艺辛：《邂逅缪斯》，北京：东方出版社，1996年，第299—302页。

③ 蒂罗尔，TIRAL，位于奥地利西部阿尔卑斯山区。

④ 这位高个子女人就是著名的莎乐美，尼采、里尔克、弗洛伊德都曾是她的情人。

这个神秘的人物，少年帕斯捷尔纳克被一种神妙的感觉攫住，他觉得：“在那人山人海的站台上，在发车的两次铃声的间隔中，我觉得这位外国人掺杂在人群中很像一个朦胧的剪影，很像并非虚幻的人群中的一个幻影。”

帕斯捷尔纳克的青少年时期始终生活在俄国文化界的名流当中，这对他后来的成长产生了重要的影响。12岁时，他们家成为俄国著名音乐家斯克里亚宾的邻居，这使他迷上了作曲，开始学习钢琴并上了6年音乐原理课程。黄昏的时候，他经常陪父亲和斯克里亚宾去散步，听他们谈论尼采和“超人”，这使他对哲学也产生了浓厚的兴趣。在这之后，还发生了一件与音乐无关的倒霉事：那年秋天，父亲构思了一幅画，题为《夜间牧马》。画上描绘的是乡村的一群姑娘乘马飞驰，在夕阳余晖中驱赶马群，奔向丘陵脚下的沼泽牧场。有一次，小帕斯捷尔纳克跟在姑娘后面，跳跃一条宽宽的溪流时，不慎从疾驰的马背上摔了下来，折断了腿，从此成了跛足，以至在每次征兵时，他都因此而被免除服役。但另一件事对他的影响更大：一次在听斯克里亚宾演奏时，他发现自己的偶像跑了调，当时坦诚地提出时，斯克里亚宾不仅没有真诚接受，反而转换了话题。这使帕斯捷尔纳克非常反感，决定放弃做音乐家的念头。

1909年，帕斯捷尔纳克考入了莫斯科大学哲学系。1912年暑假，他和同学自费到德国著名的马堡大学，投师著名的哲学教授科恩①。科恩是德国新康德主义马堡学派的创始人，这个学派有两个特点令帕斯捷尔纳克折服，一是"它自成一家，是在连根刨掉一切，在一片新土地上建立起来的学派"。"它不接受各种各样的'主义'的惰性的墨守成规"。第二个特点是从第一个特点派生出来的，即"它对待历史遗产求全责备的严谨态度"。即使后来放弃哲学很久，帕斯捷尔纳克仍常常回忆这个学派的学说和对黑格尔的重估方式。《日瓦戈医生》中尼古拉舅舅那精辟的一席谈话，其实就是来自科恩教授的观点。

那么，帕斯捷尔纳克究竟为何放弃哲学？这是一个有趣的问题。其实，他已在科恩教授的哲学课上得到了教授的赏识，并邀请他在即将来临的星期天参加他的午餐会。可是，恰好有一对少年时代的友人姐妹途经马堡去柏林，并约他见面。这是爱的召唤，驱使他放弃了哲学家的邀请，花了11个小时，为了这个即将抛弃他的

① 赫尔曼·科恩（1842—1918），德国犹太裔哲学家，新康德主义马堡学派的创始人，致力于研究宗教与哲学的关系。

人去过生日。爱情战胜了学哲学的前途，冲垮了理智的堡垒，最后失恋和心灵的伤痛，又凝成了一股力量，变成了写大海和黎明的诗，并使他终于走向了诗歌创作的道路。多年后，当他再回忆起那段历史时，将他那时写的诗统统称为“马堡的垃圾”。

1913 年年底，帕斯捷尔纳克出版了第一本诗集——《云中双子星座》。诗集富有象征主义色彩，但又呈现出新的形式，有人把它看做是向象征主义挑战之作。1922 年，他又出版了第二部诗集《生活啊，我的姐妹》。这本诗集面世以后，反响极为强烈，茨维塔耶娃、曼德尔施塔姆、勃留索夫和爱伦堡等人先后发表文章予以高度赞扬。其时，苏维埃的文化非常活跃，仅莫斯科的私营出版商就多达 220 余家，诗歌流派更是如雨后春笋，什么新古典主义派、现实主义派、新现实主义派、新浪漫主义派、象征派、阿克梅派、未来派……多达几十个，大小团体变幻频繁。当时的作家大体可以分为三类：无产阶级作家、反对“十月革命”的文人、“同路人”。帕斯捷尔纳克则既不属于无产阶级作家联盟的“拉普”，也不甘心充当拥护或反对“十月革命”的同路人，而是集中精力撰写自己的理论著述。经过几年的酝酿，终于完成了一篇纲领性文章《几个论断》。他在这篇文章中论述了 7 个问题：①忧虑；②当今的扭曲；③书；④永恒的喧嚣；⑤奇迹的法则；⑥不要管我；⑦纯洁的诗歌。他在文章中写道：

我在任何时候，也不会为了任何目的，不用他人的强制，而是根据个人的自愿，从自己关心的世界转入这种爱好者的无所事事的世界去。

……

他们认定艺术应当不停地喷涌，其实它应当不断地吸收，不断地充实自己。

……

书是一块立体的滚烫的热气腾腾的良心——仅此而已。

不久以前，人们以为书中的场面是编造出来的。这是误解。书何须那些场面？人们忘记了，我们唯一能够支配的事是使发自内心的生命之音不要走调。

不善于发现和讲出真理——是一种缺限，任何善于讲假话的伎俩都将无法将这种缺陷掩盖掉。

……

美学并不存在。我觉得，美学之所以不存在，这是对它的一种惩罚，因为它说谎、宽恕、迎合和屈尊。它对人尚且一无所知，竟给人胡乱安上一些专业。

……

向往纯洁——天经地义。这样，我们就贴近了诗歌的纯洁的本质。它令人不安，如同几十架风车在黑色的荒年，在不毛之地的边缘，骇人地旋转。[①]

1921 年，帕斯捷尔纳克的家庭生活发生了两件大事：一是父母和两个妹妹去了德国，二是他结婚了。老帕斯捷尔纳克除了为托尔斯泰的《战争与和平》画过插图外，还为《复活》配过 33 幅插图。托翁每次看小说的清样时对文字改动很大，但对插图十分满意。十月革命后，老帕斯捷尔纳克是少数几位获准进入克里姆林宫并为列宁写生画像的画家之一。由于帕斯捷尔纳克的母亲患心脏病，病情日益严重，经他父亲申请，政府批准他父母和两个妹妹出国看病和疗养。后来由于国际形势发生了变化，家人再未能回国。帕斯捷尔纳克的新婚妻子名叫叶夫根尼娅·卢里耶，当时帕斯捷尔纳克 31 岁，卢里耶 22 岁，卢里耶是高等美术学校的学生，容貌靓丽、身材匀称，非常自主而有个性，而且自尊心极强。结婚时她一定要帕斯捷尔纳克改姓卢里耶，而不是她改姓帕斯捷尔纳克。这使帕斯捷尔纳克非常气愤和尴尬。

① 高莽：《帕斯捷尔纳克——历经沧桑的巨人》，长春：长春出版社 1999 年 3 月，第 37—42 页。1926 年，帕斯捷尔纳克将自己的这篇纲领性文章寄给茨维塔耶娃时，附了几句话，说他至今“全力维护”这些论断，又说这几个论断不是“箴言”，而是“真正的信念”。

夫妻二人生活在一起，互相倾慕逐渐为日常家务所代替，卢里耶不喜欢干琐碎的家务，刚烈的性格越来越明显。她的事业心很强，但不会理家，而且对自己和丈夫的要求非常苛刻，并嫉妒丈夫与女人的来往，甚至包括与男人的正常来往。只要她认为丈夫的话说的不对，便会毫不留情地数落他，甚至当着客人的面，常常弄得帕斯捷尔纳克很狼狈。帕斯捷尔纳克也是自尊心很强的人，只念妻子年纪小，故一再忍让。但压抑的心情和紧张的夫妻关系，为他日后与卢里耶的离婚埋下了伏笔。

1922年4月的某一天早晨，一阵电话铃声把帕斯捷尔纳克从睡梦中吵醒，原来是苏维埃革命军事委员会主席托洛斯基①的秘书打来的，要求“召见”帕斯捷尔纳克。托洛斯基对文学表现出异常的兴趣，经常撰写一些评论当代文学家的随笔，发表在《真理报》上。托洛斯基先后评论过的作家有：别雷、勃洛克、克留耶夫、叶赛宁和伊万诺夫等，托洛斯基由于读不懂帕斯捷尔纳克的诗，便决定找他本人谈一谈。帕斯捷尔纳克匆匆下了楼，已有一辆三轮摩托车在等候。用三轮摩托车来接他——在当时已是很高的礼遇了。但会谈并不愉快，帕斯捷尔纳克推崇科恩的唯心主义哲学，而托洛茨基则运

① 十月革命初期，托洛斯基是党内地位仅次于列宁的第2号人物，犹太人。

用马克思历史唯物主义观来教导他。后来，托洛斯基再也没有召见过他。

1927 年 9 月 20 日，帕斯捷尔纳克的长诗《1905 年》问世。他给父亲的老友高尔基恭恭敬敬地寄去了一本，未曾想在半个月后高尔基只回了几个字的短信，对他的长诗却只字不提。这使帕斯捷尔纳克很失望，10 月 10 日又给高尔基写了一封长信，信中写道："如果我达到了这个目的，您就会最快地告诉我，而且比任何人更好地告诉我。可是您一句话也没有提，显然我的努力失败了。再次热烈地感谢您的来信。谈及失败——声音难免带有某种悲伤。如果您认为最后几句话里有类似埋怨的话，那么您只能加重这种悲伤。"信刚发走，茨维塔耶娃的妹妹及其男友来拜访他，说他们刚从国外回来。前不久他们曾在意大利的别墅住过半个月。谈及高尔基对《1905 年》的意见，转达了一些高尔基的看法，那些意见可能是高尔基随随便便讲出来的一些初步意见。可是，敏感而脆弱的帕斯捷尔纳克听后，误以为高尔基不喜欢他的长诗，紧接着又给高尔基写了一封信，与前一封信只相隔了 3 天。从此以后，便拉开了同高尔基误会与矛盾的通信之旅，高尔基于 1927 年 11 月 7 日提出与帕斯捷尔纳克断绝书信来往，还对茨维塔耶娃的诗作了批评。

与此同时，帕斯捷尔纳克同妻子的感情出现了巨大的裂缝，也开始了同里尔克和茨维塔耶娃著名的“三角恋”。三位大诗人是在孤独中相互走近的。1926 年春，是里尔克生命的最后几个月，一生浪迹天涯的里尔克，终于隐居在瑞士的一个幽静的古堡中。严重的白血病，使他感到死亡的迫近。他怨叹道：“我这个人像折断的树枝。”就是在这种情形下，里尔克接到了茨维塔耶娃热情洋溢的信，并接受了女诗人的感情表白。可以说，茨维塔耶娃的信，是投向里尔克晚年生活的一束阳光，它无疑曾给里尔克带去一些激动，唤起过里尔克身上尚存的激情；十月革命后，对现实不理解的茨维塔耶娃感到苦闷。1922 年，她携女儿流亡国外，先柏林，后布拉格，最后随曾是白匪军军官的丈夫埃夫隆侨居巴黎。她眷恋祖国、眷恋俄罗斯的文化，可是却有家难回，于是只能在孤独中写诗和积蓄感情，并把这炽热的感情分别给了里尔克和帕斯捷尔纳克，因为她有太多的话、太多的情要与她所信赖的人分享。

1926 年的帕斯捷尔纳克正处于家庭和创作的双重危机之中。在那个春天里的某一天，这位苦闷的诗人接连受到两次巨大的心灵震撼：一是读了茨维塔耶娃的长诗《终结之诗》，他终于意识到，还可以用另外一种方式写诗；二是从父亲的来信中他得知里尔克知道他的诗名，欣赏他的诗才，这使他明确了作为一个诗人继续存在的理由。受到震撼的帕斯捷尔纳克走到窗边哭了，在他的泪水中有走出孤独的欣喜。在此之后，他连续创作了长诗《1905 年》《施密特中尉》《斯彼克托尔斯基》和自传《安全保护证》等重要作品。因此，1926 年的通信，对于三位诗人都极有意义。这既不是一场争风吃醋的情场角逐，也不是一种消闲解闷的两性游戏，而是一种在相互敬慕基础上升华的柏拉图式的精神恋爱。

帕斯捷尔纳克与茨维塔耶娃相识虽早，但交谊并不深。他对茨维塔耶娃一直怀有一种钦佩交织爱恋的复杂感情，尤其是茨维塔耶娃自由奔放的天性，深深吸引着生性谨慎的帕斯捷尔纳克。但直到茨维塔耶娃流亡国外之后，他才通过书信向茨维塔耶娃表达了爱情。他深情地称茨维塔耶娃为他“生活的姐妹”，视她为自己“唯一的天空”，将他们之间的爱称作“初恋的初恋”，希望与她共享“高层次的生活”。他把茨维塔耶娃介绍给里尔克，同样也是出于对她的爱和尊敬。但他没有想到，在他拉着茨维塔耶娃共同膜拜精神偶像时，里尔克却成了横亘在他和她之间的一个男人。这使帕斯捷尔纳克产生了一种淡淡的绝望，并将注意力转向了写作。虽然他没有埋怨里尔克，但却不再给里尔克写信，以一种沉默悄悄退出了爱情。里尔克则将爱情视为一种形而上的存在，他欲越过爱抵达某种“生存的饱满”。他对爱表现出的超脱，曾引起茨维塔耶娃的不满。听说帕斯捷尔纳克因为他与茨维塔耶娃的关系沉默了，他曾致信女诗人，为自己成了某种“障碍”而不安，并认为茨维塔耶娃对帕斯捷尔纳克“过于残酷”；茨维塔耶娃认为，真正的爱只可能是不可企及的神圣，因此她只钟情于遥远的、非实在的爱。她在致里尔克的信中说：“我不活在自己的唇上，吻了我的人将失去我。”“爱情只活在语言中。”她追求的爱，是一种“无手之抚，无唇之吻”。里尔克生前得到的来自茨维塔耶娃的最后一封信，是女诗人于1926年11月7日寄出的一张明信片，茨维塔耶娃写道：“你还爱我吗？”三人间的通信，最后结束在一个爱的疑问上。①

茨维塔耶娃是一个才华横溢而又非常多情的伟大的诗人。早在1916年2月就同俄罗斯另一位伟大的犹太诗人曼德尔施塔姆产生了爱情。但短短4个月，由于曼德尔施塔姆忍受不了她过于奔放和毫无节制的爱而离她而去。1931年2月，当茨维塔耶娃得知帕斯捷尔纳克又爱上了别的女人后，在致女友的信中写道：“我同鲍利斯的协定已8年（1923—1931）：等到生命结合的那一天……我们真正的会面将会造成极大的痛苦（我和我的

---

①〔奥〕里尔克、〔俄〕帕斯捷尔纳克、〔俄〕茨维塔耶娃：《三诗人书简》，刘文飞译，北京：中央编译出版社，1999年1月，第8—14页。

家庭，他和他的家庭，我的怜悯和他的良心）。现在不会再见面。鲍利斯已和另外一个女人在一起，那个女人不是我——鲍利斯不是我的，他不过是俄罗斯优秀的诗人罢了。我马上放开手。”帕斯捷尔纳克的离婚和再婚，对茨维塔耶娃是当头一棒，因为8年来她一直将帕斯捷尔纳克当成真正的恋人和未来的丈夫，可现在他却背叛了她。[①]那么，帕斯捷尔纳克的内心究竟是什么样子？他爱上的另外一个女人又是谁呢？

1931年，帕斯捷尔纳克爱上了他的朋友钢琴家奈高兹的夫人季娜伊达。他把他们的关系告诉了卢里耶，一气之下，卢里耶把帕斯捷尔纳克赶出家门。后来，她为此感到后悔，她应当努力争取留住丈夫的心，而不是激化矛盾。从那时起，他们的家名存实亡了。

从1921年年底到1931年春，帕斯捷尔纳克与卢里耶在一起生活了近10年。他们的离婚双方都要负责，尤其是卢里耶。卢里耶不仅个性极强、事业心极强，而且不愿承担任何家务，这使帕斯捷尔纳克很伤心。即使是作为一名画家，她也很失败。虽然她非常敬业，甚至事业心胜过爱情，但展出作品的机会并不多。在大清洗的年代，她为画过肖像的许多人物遭到镇压，编成画集的希望成了泡影。苏联美术界的领导人只提倡现实主义的

① 蓝英年：《历史的喘息》，北京：中央编译出版社，2005年，第96页。

美术作品时，她的画风曾受到排斥，甚至连她本人也被美协开除会籍。这使她本人的心渐渐凉了，脾气也逐渐暴躁起来。

1931年夏天的时候，帕斯捷尔纳克经常和哲学家阿斯穆斯夫妇以及音乐家奈高兹夫妇在郊外避暑。日久生情，阿斯穆斯的夫人爱上了帕斯捷尔纳克，而帕斯捷尔纳克却爱上了季娜伊达，尤其是帕斯捷尔纳克在欣赏奈高兹弹奏勃拉姆斯的间奏曲时，季娜伊达的精明能干和对丈夫的照顾使帕斯捷尔纳克非常羡慕，因为长久以来，帕斯捷尔纳克就想找一个热爱劳动和善于管家的女人。一段时间，季娜伊达发现帕斯捷尔纳克总是有意无意地与她邂逅。有一次，季娜伊达到井口去打水，不慎将水桶掉进井里。帕斯捷尔纳克立刻出现在她面前，兴高采烈地用木杆帮助她把水桶提上来。他干得很有兴趣，很开心。之后，他就经常帮助她拾些枯树枝，并一捆捆送到她家里来。季娜伊达劝阻他不要再送了，帕斯捷尔纳克说，一个喜欢诗的人应当喜欢日常工作，因为在日常工作中蕴育着诗的美。他又说，根据他的观察，季娜伊达是应该理解这一点的，因为他看到季娜伊达弹完钢琴后，怎样去收拾锅碗瓢盆，而且弄得诗意盎然。季娜伊达以为帕斯捷尔纳克故意用花言巧语来讨好她，显然有点不屑一顾的样子。帕斯捷尔纳克解释道，他的创作灵感大多来自于日常生活，“日常生活是现实，诗也是现实，我想象不出诗可以随便捏造”。季娜伊达看到他真诚的面孔时 ，忽然觉得他很美。

令季娜伊达没想到的是，回到莫斯科的某一天，奈高兹慎重地对她说：“我们必须认真地谈一谈。鲍利斯来找我了，他说他爱上你了，而且这种爱情永远不会消失。他还说，他没有你——简直活不下去。”季娜伊达听后大笑不止，并建议以后少和帕斯捷尔纳克往来。奈高兹无可奈何地说：“恐怕难以办到，他会常来咱们家的。”果然不出所料，在很短的时间内，帕斯捷尔纳克和妻子离婚，季娜伊达架不住帕斯捷尔纳克的苦苦追求，终于和心爱的丈夫分手，并同帕斯捷尔纳克结婚。①

季娜伊达离开奈高兹以后，这位钢琴家开始酗酒，日子过得一塌糊涂。季娜伊达闻讯后，请求奈高兹的父亲来看望儿子。奈高兹的父亲听说了这件事后，曾写信痛骂帕斯捷尔纳克：“我儿子说帕斯捷尔纳克是天才，本人深表怀疑，难道天才会是个该死的无赖？”所以，这次老人来莫斯科看望完儿子后，去看望孙子，并见到了

① 为了得到季娜伊达，帕斯捷尔纳克喝光了一瓶碘酒，差点送了命。经过了两年多的风风雨雨，帕斯捷尔纳克同卢里耶离了婚，并于1933年8月21日正式同季娜伊达结了婚。考虑到她的两个儿子保留了奈高兹的姓，季娜伊达自己改姓帕斯捷尔纳克。

帕斯捷尔纳克。他们没说几句话，老人便对帕斯捷尔纳克产生好感。从此，这位年过九旬的老人，每天徒步来到帕斯捷尔纳克家，看望孙子，并与帕斯捷尔纳克聊天。

30 年代，苏联实行了农村集体化，社会主义事业突飞猛进，但自杀的诗人却越来越多。继叶赛宁“自缢”身亡，他的一批崇拜者和情人也相继在坟前开枪自杀；紧接着青年诗人西洛夫被处决，“革命喉舌”诗人马雅可夫斯基也在自己的寓所开枪自杀。马雅可夫斯基的死对帕斯捷尔纳克震动很大。[①]他们曾是同学，帕斯捷尔纳克还狂热地崇拜过马雅可夫斯基。只要二人坐到一起，四只眼睛相互凝视的时候，他们都会各自想着对方的作品。后来，另一位犹太作家爱伦堡在自传中提到了他们俩的关系：“我们曾开玩笑地说：马雅可夫斯基有一副专为女人们预备的第二嗓音。他当着我的面只同一个男人用这种极为柔和、温存的第二嗓音谈过话——那就是帕斯捷尔纳克。我记得，1921 年 3 月在出版之家举行过一次帕斯捷尔纳克的文学晚会，他亲自朗诵，后来一位年轻的女演员也朗读了他的诗作。在讨论的时候，有个人竟敢像我们现在所说的那样指出鲍利斯的缺点。当时马雅可夫斯基挺

① 帕斯捷尔纳克得到马雅可夫斯基的死讯后，迅速赶到了马雅可夫斯基的寓所，跪倒在这个又是朋友又是对手的人的遗体面前，失声痛哭。此后一段时间，也许同离婚给他造成的伤害有关，他的精神差点失常——常常夜里失眠，动不动就哭，经常提到死。

身而出，开始振振有辞地称赞鲍利斯的诗；他用狂热的爱来保护他……帕斯捷尔纳克在《许可通行证》(1930 年)里谈到战争前夜、战争期间以及革命后最初几年里他对马雅可夫斯基的态度："'我已被他弄得神魂颠倒''我盲目崇拜他''马雅可夫斯基是诗的命运的巅峰''当我第一次像同一个陌生人那样同我爱戴的人谈话的时候，我感到十分高兴（在一次小小的争执之后)''我以加倍的力量感觉到马雅可夫斯基的存在，他一如我们第一次见面时那样生气勃勃地出现在我的面前'。"①

1935 年 6 月 21—25 日，当法西斯乌云聚拢在欧洲上空的时候，国际作家保卫文化大会在巴黎召开。苏联派出了爱伦堡、托尔斯泰等人为代表的文化代表团前去巴黎，帕斯捷尔纳克和巴别尔作为增派人员也紧急前往。大会开幕后，大会邀请帕斯捷尔纳克发言，他将自己的一份发言草稿送给爱伦堡过目。爱伦堡一看，其中主要谈的是自己最近患的失眠症和精神衰弱等，只有结尾几句才提到诗歌。爱伦堡把草稿撕了，让他主要谈谈对诗歌的看法。闭幕的前一天，帕斯捷尔纳克拖着不利落的腿登上讲坛，用法文朗诵了自己的一首诗《人人如此开始》，结果获得经久不息的掌声。后来，爱伦堡在回忆录

① 〔俄〕伊利亚·爱伦堡：《人·岁月·生活》，冯南江等译，海口：海南出版社，1999 年，第 269 页。

中提到了这次大会："帕斯捷尔纳克曾气恼地说他不想去，他不会演说。他在一个简短的演说中说，诗歌无须到天上寻找，要善于弯腰，诗歌在草地上。"保罗·艾吕雅有一次曾说："诗人应该是一个孩子，即使自己白发苍苍、血管硬化。""帕斯捷尔纳克身上就有一种稚气。他那看来天真幼稚的见解正是一个诗人的见解，他曾这样谈到一个作者：'当他是坏人的时候，他怎么可能是优秀的诗人……'他初次看到巴黎时曾感叹道：'这不像一座城市，这完全是一幅风景画……'他曾说：'描写春天的早晨很容易，谁也不需要它，但是要做一个像春天的早晨那么朴实、明朗而又意外的人——这却太难了……'"[①]帕斯捷尔纳克有两句诗表达的正是这个意思：

这时艺术便奄奄一息，
只有土地和命运还在呼吸。

在那个黑色的岁月里，不时传来诗人自杀或失踪的消息。1934 年 5 月 13 日深夜，曼德尔施塔姆被捕，这个消息使帕斯捷尔纳克很震惊。"是不是因为他的古怪和对人的尖酸刻薄？还是因为他打了阿·托尔斯泰一个

① 〔俄〕伊利亚·爱伦堡：《人·岁月·生活》，冯南江等译，海口：海南出版社，1999 年，第 267—271 页。

耳光？一个犹太人居然敢打俄罗斯的大作家？还是因为他是一个犹太人？”许多人在猜度曼德尔施塔姆被捕的原因。知道底细的朋友告诉他，可能是因为曼德尔施塔姆写了一首影射斯大林的诗：

我们活着，感不到国家的存在，
我们说话，声音传不到十步外，
哪里只要一听到悄悄的话音，
就让你想起克里姆林宫山民。
他那粗大手指肥壮如青虫，
他的话有一普特秤砣那么重，
一双蟑螂眼睛露出盈盈笑意，
两只靴筒闪耀着光彩熠熠。
细脖子头头们对他众星拱月，
半人半妖的怪物任他戏弄取乐，
有的吱吱，有的咪咪或抽泣，
就让他一个人厉声粗气地称呼“你”
他送人的指令像连连钉马蹄铁掌——
朝大腿，朝脑门，朝眉心或眼眶，
每判定一次死刑，他感到欢欣，
总要挺挺奥塞梯人特有的宽胸。[①]

① 蓝英年：《寻墓者说》，北京：汉语大词典出版社，1998年，第157—158页。

帕斯捷尔纳克同曼德尔施塔姆的关系并不密切，主要是他崇拜曼德尔施塔姆的诗才，或许是作为犹太人的同情，他闻讯后，马上跑到《消息报》找另一个犹太人布哈林，恳请他向斯大林说情。布哈林立即给斯大林写了一封信，在信尾提到："帕斯捷尔纳克同样不安。"过了几天，帕斯捷尔纳克突然接到了斯大林打来的电话。他接电话是在公共走廊，声音很嘈杂，听不清话筒里的声音，便抱怨起来。斯大林用带着格鲁吉亚人腔调的俄语问候两句后，直截了当地告诉他，说曼德尔施塔姆案正在审理中，一切都会顺利。然后，他突然问道："您为什么不为此事去找苏联作协或我本人？"接着又说："如果我是一个诗人，我的诗友落难，我也会奋不顾身地营救他……"[①]曼德尔施塔姆果然很快被释放了，流放到一个小城市。第二年，女诗人阿赫马托娃的丈夫与儿子又被捕了，也来找到他，帕斯捷尔纳克再一次给斯大林写信，她的丈夫蒲宁和儿子很快就被释放了。后来，他从阿赫马托娃口中得知了蒲宁被释放的经过：那天夜里，又把他叫醒，他以为又是提审，可是看管人员告诉他获释了。他一下子愣住了，心想现在是深夜，市内电车也停发了，怎么回家呀？他说："让我在这里过夜吧？"看守斩钉截铁地回答道："这里又不是旅馆。"紧接着，

① 高莽：《帕斯捷尔纳克——历尽沧桑的诗人》，长春：长春出版社，1999 年，第 131—134 页。

他的好友皮里尼亚克失踪了，诗人亚什维里自杀了，布哈林也于1937年2月27日被捕了，但帕斯捷尔纳克却无能为力了。但是，最体现他人格境界的另一件事，是他拒绝了作协组织的一次要求处决三位将军的签名活动，这使他同苏联作协的关系基本终结。而这一切心灵的隐痛，最后变成一部巨著——《日瓦戈医生》。

就在帕斯捷尔纳克开始写作《日瓦戈医生》的初期，一位年轻貌美聪慧的少妇成了他的红颜知己。这位少妇崇拜他，为他带来了无穷的欢乐、灵感和帮助，成为他事业的助手，甚至成为《日瓦戈医生》的主角拉拉的原型；这位少妇也给他增加了心理负担，使他不得不奔波于两个家之间。在他们几十年的交往中，既不能正式地结合堂堂正正地生活，也不能果断地分手。他们各自为家庭负责。他们的故事,宛若一段精彩的小说,可悲可叹，令人欲说还休。

这位少妇名叫伊温斯卡娅，曾是《新世界》杂志的女编辑。他们相识的初期，正是帕斯捷尔纳克的妻子季娜伊达整天忙于社会活动，而作协领导法捷耶夫和苏尔科夫批判帕斯捷尔纳克的时候，这使帕斯捷尔纳克备感孤独无助，伊温斯卡娅一下子就成了他的知心人，她的抚爱和体贴使他的精神获得了巨大的安慰。否则，帕斯捷尔纳克很难写完《日瓦戈医生》。他们热恋的时候，邻居家的电话和女主人成了他们的恩赐，每天楼下的女主人都要气喘吁吁地爬上楼来，喊她去接电话。电话次数太多了，楼下的女主人不愿再跑了，索性用敲打暖气管代替呼唤。他们有说不完的知心话，他常常为她一个人朗诵自己新写的诗。帕斯捷尔纳克是个多情的人，渴望得到女人的爱。而伊温斯卡娅是一位经受种种苦难的女人，需要生活的温暖。她对诗的理解深深打动了帕斯捷尔纳克的心。

1949 年 10 月 9 日，秘密警察逮捕了伊温斯卡娅，罪名是她伙同《星火画报》副主编奥西波夫伪造委托书。帕斯捷尔纳克明白伊温斯卡娅与此事无关，逮捕她的目的是为了恫吓自己，迫使他放弃《日瓦戈医生》的创作。他无力拯救自己心爱的人，除了悲愤和思念外，把所有精力都投入到小说写作中。他被传唤到警察局，民警把从伊温斯卡娅家中抄出的他的诗集退还给他。帕斯捷尔纳克拒绝领取，声明诗集是赠给伊温斯卡娅的，已不属于他，应归还原主。帕斯捷尔纳克的倔强态度使监狱里的伊温斯卡娅受罪更大。审讯员对她连轴审讯，让耀眼的灯光通宵对着她的眼睛，不让她睡觉，一直折磨她三天三夜，逼她交待“犹太佬”的反苏言行。帕斯捷尔纳克是犹太人，审讯员都管他叫“犹太佬”。为了压下她的“气焰”，审讯员把她关进太平间，暗示帕斯捷尔纳克已死，她还顶什么？伊温斯卡娅一人在十几具蒙着白布的尸体之间并不害怕，一一揭开白布，发现没有自己的爱人，反而增加了对抗的勇气。这时，审讯员发现她怀有身孕，不再审讯她，把她送入波季马劳改营。她同其他女劳改犯用铁镐刨地时流产了，这是她和帕斯捷尔纳克的孩子。伊温斯卡娅在劳改营里关了 5 年，1953 年才被释放。伊温斯卡娅在劳改营期间，帕斯捷尔纳克无法同她联系，每次忆起他们在一起的情景便痛不欲生，写了不少思念她、赞美她的诗：

我们常无言对坐到深夜，
你埋头女红我手捧书本，
直到天明我们竟未发觉，
记不清何时才停止接吻。

当生活陷入烦恼与痛苦，
你为我阻拦了绝望之路，
你的美就在于勇气十足，
就是它把你我牢牢系住。

伊温斯卡娅释放后，帕斯捷尔纳克急于见她又怕见她，5 年的折磨不知会把人变成什么样。帕斯捷尔纳克见到伊温斯卡娅后惊喜万分，劳改不仅未摧毁她的精神，也未改变她的容颜，她依然楚楚动人。他们的关系更加密切，伊温斯卡娅不仅是帕斯捷尔纳克温柔的情人，还是他事业的坚决支持者。从此，帕斯捷尔纳克的一切出版事宜皆由伊温斯卡娅承担。这是帕斯捷尔纳克的妻子无法胜任的。帕斯捷尔纳克对两个女人的态度同日瓦戈医生对妻子东尼娅和拉拉的态度一样，对妻子深感内疚，下不了决心同她离异，因此也无法同伊温斯卡娅正式结合。他们不是因为不爱，而是因为太爱，但帕斯捷尔纳克又解决不了家庭问题。

1960 年 4 月的一天，帕斯捷尔纳克在过完 70 岁寿辰以后两个月，突然病倒了。伊温斯卡娅去他家探望，被他妻子拒之门外。帕斯捷尔纳克有时请探视的人给伊温斯卡娅捎个口信或带个便条，伊温斯卡娅也托人给帕斯捷尔纳克送去她的信。有时候，几天得不到帕斯捷尔纳克的消息，伊温斯卡娅便每天站在路口等候换班的护士，向她们打听帕斯捷尔纳克的病情。《日瓦戈医生》事件严重挫伤了他的健康与精神，导致了他癌症的发展。他正在写的剧本《盲美人》也只能断断续续地完成。他的病情一天比一天重，心电图显示他患的是心肌梗塞。季娜伊达把医生请到家里来。她默默承担了全部繁重的家务，当精神负担过重时，她就用加倍的体力劳动来克制内心的痛苦。

帕斯捷尔纳克在病中回顾自己所走过的路，什么大灾大难都挺过来了，这难道就是犹太人在这个国家所应忍受的生活吗？为什么犹太人总遭人嫉恨？难道他们通过辛勤的劳动和艰苦奋斗之后就不应该享受其他俄罗斯人所享受的一切吗？如果不是生活中的这些遭遇，他也不会想到作为一个犹太人的命运。他想起了父亲曾给母亲的一封信："当你看到犹太人中间的惊慌时，简直不想工作。大家不得不时刻准备明天就离开自己和家人住了几十年的老窝。让这些不幸的人们到哪儿去呢？惨不忍睹！昨天我在波列诺夫家中遇到了列维坦，我们俩在城里游荡了大半天，我们反复哼着那一支凄凉的曲调：关于犹太人的特殊状况和他们不堪期待的未来。"他还想起了因《日瓦戈医生》遭受辱骂的日子，在苏联作协门口示威的场面。"犹太鬼帕斯捷尔纳克滚出来！""帕斯捷尔纳克是犹大！""帕斯捷尔纳克收了三十个银币，出卖了自己的灵魂！"等标语和口号，心头阵阵酸楚。

最可怜的人是伊温斯卡娅。帕斯捷尔纳克的家人不放她进医院，还时常数落她，甚至把她叫做"祸水"。她只好天天守在大门口，向进进出出的人打听帕斯捷尔纳克的病情。但季娜伊达也有心软的时候，想让他们见上一面，便问帕斯捷尔纳克。但帕斯捷尔纳克摇了摇头，并用一种哀婉的声音对妻子说："亲爱的季娜伊达，请你原谅我！我一直让你照顾我，把你折磨苦了。不过，很快就不麻烦你了！”帕斯捷尔纳克不想见任何人。他说：“我谁都爱，但我已经不存在了，存在的仅仅是腹内与肺内的混乱，而混乱是无法爱任何人的。”他的头脑有时会清醒，清醒时就向护士人员表示歉意，并向家里人打听许多朋友的情况。有一次，一位外国朋友带来了很大一捧郁金香。帕斯捷尔纳克要求不要把花摆在屋里。他从来不采花，更不喜欢把鲜花插在瓶中，他喜欢鲜花开在花园里和土地上，在大自然中散发芬芳。他望着窗外的一片樱花树、丁香树和苹果树，喃喃自语道：“它们什么时候开花呀？”也许他想到了春暖花开的季节，渴望着大地的解冻和美的萌生。此外，他对护理人员也非常友好，劝他们要按时用餐，夜里穿得暖和些。

有一次，帕斯捷尔纳克突然提出要神甫到家中为他做安魂弥撒。是的，他是一名犹太人，出生后曾做过洗礼，临终时怎能不做安魂弥撒？1960 年 5 月 30 日，这位伟大而自由的灵魂终于走了。他的遗体从卧室移到放钢琴的音乐室里，身上穿着父亲当年赠给他的西装。这是他最爱的一套西服，也是他唯一一套像样的“礼服”。

1960 年 6 月 1 日，《文学与生活报》刊出一条消息：“苏联文学基金会理事会通告：本会会员、作家帕斯捷尔纳克，长期重病之后去世。”

他的诗歌爱好者们在作家村贴出讣告，民警揭掉后又重新贴上。帕斯捷尔纳克下葬的那天，成千上万的人到他的住宅前告别。季娜伊达不准伊温斯卡娅同他告别，伊温斯卡娅只好在门前站了一夜，并在人群后面远远望着徐徐向前移动的灵柩。此时她五内俱焚，晕倒在地。

但令人们万万没想到的是，帕斯捷尔纳克去世后，伊温斯卡娅遭受了更大的磨难。她同 20 岁的女儿同时被捕，罪名是向国外传递《日瓦戈医生》的手稿并领取巨额稿酬，被判处 8 年徒刑。这纯粹是欲加之罪。

赫鲁晓夫下台后，伊温斯卡娅被释放了，在 1988 年给予平反。伊温斯卡娅同帕斯捷尔纳克相爱 14 年，生前出版了一部回忆录，名为《时间的俘虏》。她回顾自己的一生时说："生活对我一点也不慈悲。可是我不抱怨，因为生活给了我爱。"书名取自帕斯捷尔纳克的诗《夜》的最后一节：

别睡，别睡，艺术家，
不要被梦魔缠住，
你是永远的人质，
你是时间的俘虏。

三、艾·辛格的魔盒[①]

"天地把存在过的一切都消灭殆尽，化为尘埃。唯有那些清醒时做梦的梦想家，透过稀疏的网唤回昔日的幻影 。"[②]这是瑞典文学院常务秘书拉思·吉兰斯坦教授在1978年给艾·辛格的诺贝尔文学奖颁奖词中的第一句话。艾·辛格这位"伟大的寓言家和短篇小说大师"[③],也被誉为"当代最会讲故事的小说大师"。正是他，写出了《傻瓜吉姆佩尔》和《市场街的斯宾诺莎》等短篇小说名篇，挽救了一种行将衰亡的古老文化，保留了"东欧犹太即将消失的传统"[④],从而以"充满了激情的叙事艺术"，反映和描绘了"人类的普

① 本文同时作为《艾·辛格的魔盒——艾·辛格短篇小说精编》一书的序言，署名：亚伯拉，北京：中央编译出版社，2006年。

②〔美〕艾·巴·辛格：《魔术师·原野王》，陆煜泰等译，桂林：漓江出版社，1992年，第480页。

③ 傅景川：《二十世纪美国小说史》，长春：吉林教育出版社，1996年，第404页。

④ 王宁：《诺贝尔文学奖获奖作家谈创作》，北京：北京大学出版社，1987年，第463页。

遍困境”[1]。

艾·辛格的魔盒，不仅储藏了非常神奇和扑朔迷离的故事，而且储藏了来源于犹太神秘主义的大量童话、轶事、智慧、迷信和往昔数百年的记忆。传统与变革的碰撞，自由思想和来世与虔诚的较量，以及古老家族被时代的瓦解和分化，给艾·辛格的文字插上了翅膀，幻化出无穷的想象力和洞察力，创作了一个小天地和一群栩栩如生的人物。在这些奇特的作品中，妖魔鬼怪和幽灵，以及各种来源于犹太大众信仰宝库或他自己想象的地狱和超自然的力量，成了激情和癫狂的化身，以及实实在在的力量。在辛格的魔盒中，中世纪似乎又重新获得了生命，平庸与奇迹并存，现实与梦幻共生，昔日的血在悄悄流动，让人在阅读中难过但又不乏刺激和启示。他的作品中的许多角色以无可非议的资格步入了文学的伟人祠，那里生活着神话般的人物和永恒的伙伴，悲惨奇异的，有趣而动人的，命定而美妙的——各种既欣悦又痛苦，既卑劣又崇高的人。[2]

1904 年 7 月 14 日，艾萨克·巴什维斯·辛格出生

① 黄铁池：《当代美国小说研究》，北京：学林出版社，2000 年，第 228 页。

② 亚伯拉：《艾·辛格的魔盒——艾·辛格短篇小说精编》，北京：中央编译出版社，2006 年。

于沙俄统治下的波兰拉齐米思的一个犹太人家庭，他的祖父和父亲都是犹太教的拉比[①],属于狂热的哈西德虔信派[②]。辛格4岁时，全家迁往华沙，住在一个贫民区，使他有机会观察城市贫苦劳动人民的生活。辛格从小接受了正规的犹太教育，后来又被送到犹太神学院读书，学习希伯来文和意第绪语。他的外祖父也在波兰东部的卢布林省的一个小城比尔戈雷当拉比，辛格在那里曾住过三四年。[③]他还在专门培养拉比的经院里读过书,从小就对犹太教的经典、宗教仪式、风格习惯、华沙及周边地区的犹太小镇的风光非常熟悉。[④]这种经历直接影响到他后来的生活创作道路。他后来回忆这段生活时写道：

那是一个非常守旧的村庄，多少年以来，那里就没有发生过多大变化。在那个村庄，几百年前的老传统仍

---

① 拉比，犹太教中主管宗教和世俗事物的长老，精通宗教和法律。拉比不是由宗教权力机构任命的，而是由犹太教教徒或犹太人社团推选的。犹太教没有统一的中央拉比院。

② 哈西德派，犹太教的一个派别，虔信律法，反对接受希腊文化，出现于基督教兴起之前。

③〔美〕艾·辛格：《魔术师·原野王》，陆煜泰等译，桂林：漓江出版社，1992年，第2页。

④〔美〕艾·辛格：《卢布林的魔术师冤家，一个爱情故事》，鹿金等译，上海：上海译文出版社，2001年，第1页。

然存在。村庄附近连铁路也没有。假如没有那一段生活体验，我也许仍然可以写出《莫斯卡特家族》一书，但是却绝对写不出《撒旦在戈雷山》一书和其他许多短篇小说来。①

正是他的出身和独特的经历，使他的创作之根深深地插入了故乡生活的土壤。他后来说："……我文学的金矿就是这条街②。我(在写作时)一趟又一趟故地重游，因为我感到那儿仍然有我没有用完的宝藏……一个作家必须要有根。作家的根扎得越深，他取得成就的能力就越大。"③

艾·辛格的文学启蒙老师是比他大 11 岁的哥哥④，当时他和父亲经常在家里辩论。他哥哥振振有词地质问："您有什么真凭实据可以证明全能的上帝在西奈山向摩西显过灵？基督徒有他们的经典，伊斯兰教徒也有他们的经典，如果我们说他们的经典靠不住，那么我们怎么

---

①〔美〕辛格：《辛格短篇小说集》，万紫等译，北京：外国文学出版社，1980 年，第 1 页。

② 指华沙的克鲁奇玛娜街。1908—1917 年，辛格曾随父母在此地住过。

③ 参见鲍尔 · 克拉舒：《艾 · 辛格：西 86 大街上的魔术师》。

④ 艾 · 辛格的哥哥名叫伊斯雷尔 · 约瑟夫 · 辛格，著名的意第绪语小说家，是当时东欧当代派犹太文学运动的领导人之一。

知道我们自己的经典是靠得住的呢？”他还说：“住在犹太小镇上的那些居民是多么贫困和浅薄，他们除了《塔木德》外什么也不学。整个世界都在进步，而犹太人仍然生活在中世纪。”每一次辩论，艾萨克总是在一旁默默地听着，他哥哥的话深深地印在了他的心里。每一次辩论，他的父亲总是高声喊叫，大骂他哥哥不信宗教，是个邪恶的人。辛格克认为，哥哥的话“句句都非常有力量”，而父亲的辱骂正好证明他理屈词穷。在他哥哥的影响下，辛格在 12 岁时就偷偷阅读了俄国作家果戈理的《死魂灵》和陀思妥耶夫斯基的《罪与罚》等小说，立志当一名作家，而放弃了做拉比，并于 15 岁时开始用希伯来语写作。[①] 17 岁时，他开始用意第绪语写作；两年后，他为一个意第绪语文学刊物当校对。在华沙，他虽然过着艰苦的生活，却很早就发表了长篇小说《撒旦在戈雷山》，还早在 1919 年就翻译了另两位犹太作家托马斯 · 曼的《魔山》和雷马克的《西线无战事》，这为他后来的创作奠定了坚实的基础。

在当时的华沙及东欧，大部分犹太作家仍以写犹太人的生活和宗教传统为主，辛格决定成为一个以写世俗题材为主的作家，这意味着他和传统道路的决裂，也和

① 毛信德：《美国小说发展史》，浙江：浙江大学出版社，2004 年，第 373 页。

他的家庭及文化信仰发生了冲突，这一决定使他的父母非常震惊。他们认为，去当一名世俗意第绪语作家无异于变成一名异教徒，尤其是他在步哥哥的后尘，这对父母来说是一场悲剧。但是，他也将父亲的许多忠告深深铭记在心里。父亲认为，即使是非宗教文学，也不应该歪曲现实，因为每一位作家真正的使命就是讲真话和传送真理。另外，你可以不信仰上帝或摩西，但凡事要讲伦理，大作家应该是大伦理家。歪曲现实的作家虽然会扩大他们的影响，但永远创造不了伟大的艺术品，而且总是将伦理弄得不伦不类。[①]令辛格的父母深感欣慰的是，他的弟弟后来终于圆了他父亲的梦，成为了一名拉比。

1935 年，他哥哥从美国给他寄来了宣誓书。此后，辛格移居美国，作为一名自由撰稿人为意第绪语报《犹太前进日报》写书评、散文和小说。1940 年，他娶了一名美国德裔犹太姑娘阿尔玛。1943 年，入美国籍。刚去美国时，由于身处异域，又不懂英语，辛格感到非常困惑和沮丧，大约有 10 年没有文学创作的热情，只能靠在《犹太前进日报》上发表小文章的微薄稿费维持生活，过着穷困潦倒的生活。1945 年后，他用意第绪语创作的长篇小说《莫斯卡特一家》开始在《犹太前进日报》连

① 转引自美国《林萨路》杂志编辑理查德 · 伯金采访辛格的《辛格访谈录》。

载，3 年后，他走上了一条饮誉世界的创作之路，先后有《庄园》《地产》《卢布林的魔术师》等 8 部长篇小说和《市场街的斯宾诺莎》等 7 部短篇小说集，以及两个剧本、3 部回忆录、11 部儿童故事集，共 30 多部著作出版，直至获诺贝尔文学奖。

辛格的作品中，最具特色的是他的短篇小说。在他已发表的近 200 篇短篇小说中，大约可以分为两类：一类是描写生活在美国和波兰的讲意第绪语的犹太人，刻画了他们“独特环境中的独特性格”；另一类描写幽灵世界，对上帝、撒旦、妖魔鬼怪、天堂、地狱和灵魂等作了离奇曲折和寓意深刻的描绘，充满着浪漫神秘色彩，堪称真正的“艾 · 辛格魔盒”。经常出现在他作品里的是：拉比和罪人、知识分子和傻瓜、理性主义者和神秘主义者、企图拯救世界的人和宿命论者、虔诚的犹太教徒和渎神者，以及鬼怪幽灵等。所以有的评论家说：“通过辛格的故事，活人和幽灵方便地来往着。”他的儿童故事也写得相当成功，文笔隽永，富于哲理，曾经获得美国全国图书奖。

辛格的文学观与现代派作家的文学观迥然不同。他敬仰托尔斯泰、狄更斯、莫泊桑、福楼拜和契诃夫等现实主义大师，认为他们的作品才是真正优秀的文学。他反对乔伊斯等现代派作家的极端做法，认为他们的作品只是写给教授和学者们看的。此外，他在承认萨特、弗洛伊德等人的“天才”的同时，对他们的一些理论也表示了非议。在谈到小说创作时，辛格认为，小说必须叙述故事，而小说家则首先应是一位善于讲故事的大师；技巧固然重要，但作品的形式必须服从内容的需要，从而达到内容与形式的统一；优秀的作品即使经过一道翻译，仍可保持其艺术精华。他后来在和理查德·伯金的对话中说道：

文学不是由什么时候都把目光集注于自己的作家去充实的，而是由只把目光投向其他人的作家去充实。对于别人的所作所为领悟得越多，你对自己就了解得越多。现代派作家所做的实验全都是在形式方面做文章，跟他们所谓的形式，跟那些无聊的事打交道——对一首诗不要加标点啦，签名用大写字母还是用小写字母啦。这真是毫无价值。我对自己说，为什么他们不过问他们身在其中的人类的海洋呢？那里有无数的故事和奇珍异葩在流动啊！我正是在那里进行我的实验的——在那间人类的实验室里，不是在一张纸上。[①]

辛格虽然是一位高产作家，但他的创作态度非常严

①〔美〕辛格：《艾·辛格的魔盒》，方平等译，北京：中央编译出版社，2006年，第322—323页。

肃，他曾经概括地指出，只有同时具备如下三个条件，他才开始讲述自己的故事：

故事有悬念和情节，必须引人入胜。

必须有激情写好这个故事，而且不写不行。

必须确信，只有自己是唯一能够写好或写出这个故事的人。

他认为，故事必须让情节说话。如果一个小说家试图从心理学和社会学的观点去解说作品，会使作品短命。他主张写得明确、可读和有趣，不喜欢西方文坛中晦涩的意识流。在他看来，一个世纪中有一个乔伊斯、一个卡夫卡、一个普鲁斯特、一个福克纳就够了，不需要那么多的意识流作家。他说："我们这个时代的小说作家，如同其他任何时代的作家一样，广义上必须是精神娱乐的提供者，而不要光做社会及政治理想的说教者。枯燥无味的文选没有极乐天堂可言，而对那些不能激发兴趣、振奋精神，不能让读者感受到真正艺术所赋予的欢愉超脱氛围的冗长乏味的文学作品，也不能宽恕。"[①]因此，在他的小说中，无论是傻瓜吉姆佩尔，还是荡妇埃尔卡；无论是菲谢尔森博士，还是黑多比，无不是嬉笑怒骂、

① 引自辛格《诺贝尔文学奖受奖演说》。

传神逼真的鲜活人物。正如他自己所言：“如果作家设法将生命注入人物之中，那么他们，连同作者本人，永远活着。”当有人问他：“为什么你描写了一个消失了的世界？”他回答说：“一个英雄，不管他今天是否活着，是否 20 年后才死去，或是他 20 年前，200 年前就死了，如果作家赋予他生命，他（或她）将是人类意识的一个活着的部分。”①

在辛格的小说中，有许多是以鬼和性爱为题材的，他甚至还“耸人听闻”地说，他并不对描写性爱感到羞耻。“在《圣经》和《塔木德》中充满了性爱故事。如果那些圣人对此都不感到羞耻，我又不是圣人，为何要感到羞耻？”他认为:“恋爱和做爱最能触及人性。这时，会懂得关于生活的许多东西，因为在恋爱和做爱中，一个人的性格最易表现出来。打个比方说，一个人在社会上可以是个强人，是个独裁者，但是在做爱中，他则可能像小孩一样无能。性器官是人体最敏感的器官。例如，眼睛或耳朵从不会“怠工”；眼睛不会因为看到不喜欢的东西而不看，但阴茎则是另一回事，如果它不喜欢‘看到’的东西，它就不‘工作’了。因此，性器官比身体其他任何一部分更能表现灵魂。它们不是‘外交官’，

①〔美〕辛格:《艾·辛格的魔盒》，方平等译，北京:中央编译出版社，2006 年，第 327 页。

它们毫不留情地说出真相。尽管它们有时‘喜怒无常’，和它们打交道也挺好，但是，它们有时甚至比大脑还要疯狂。”[①]当然，辛格并不是耽于色情描写，而是通过性爱深刻探索和揭示人的本性。至于那些鬼故事，更是揭示了深刻的哲理。

辛格虽然算不得严格的犹太教徒，却是斯宾诺莎式的“泛神论者”，他心目中的上帝是一个“有力而残酷的上帝”。他在经历了诸多饥饿和苦难，尤其是在两次世界大战劫后余生逃到美国后，深感生命的残酷。第二次世界大战中，他的家人在华沙全部罹难，无一幸免。他曾悲愤地说：“事实上，肉体和痛苦是同义词，如果选择了邪恶而得不到惩罚，选择了正义而得不到实施，那怎么可能还有什么自由选择呢？在所有这一切苦难的背后，是上帝无限的仁慈。”读了这段话，我们就不难理解辛格为什么对上帝的拯救和人类的未来深感绝望了。而他思考的这一问题，也正是第二次世界大战后无数犹太人思考的一个问题：在纳粹屠犹的时候，上帝究竟哪去了？也就是奥斯维辛之后的上帝。这也是困扰全世界神学界的一大难题。最后有的人找到了答案：如果奥斯维辛大屠杀的时候没有上帝，人们的生活将更糟。

---

① 刘洪一：《走向文化诗学——美国犹太小说研究》，北京：北京大学出版社，2002 年，第 80 页。

因此，辛格认为，一旦人类只贪图眼前的欢乐，不但得不到温暖，同样会落得个被烧死的下场。但是，他并不全面否定人类的欢乐，从而堕入苦修主义和禁欲主义的泥沼。相反，他认为："世界是一座巨大的屠场、一个庞大的地狱……世界上有这么多苦难，唯一补偿的是生活中小小的欢乐和悬念。"[①]所以，他作品中的小人物尽管遭受命运的摆弄，历尽艰辛，但往往对生活却锲而不舍，他在嘲讽中流露着怜悯和同情，同时在幽默诙谐中闪烁着智慧和哲理的光芒。正如他在《诺贝尔文学奖受奖演说》中所言："富有创造力的人的悲观并不是颓废，而是一种要拯救人类的强烈感情。他不屑于许多诗人纯粹的消遣娱乐之道，而是锲而不舍地探寻永恒的真理和生命的真谛。他以自己的方式试图解开世事变迁之谜，试图找到苦难的根源，揭示处在残酷天理深渊中的爱。"

辛格的文学主张，虽然在世界观上和方法论上存在着矛盾，但其作品却形成了独特的风格和魅力。一位美国评论家说：

在热情洋溢和倾吐无限纯真的人情味方面，辛格很像契诃夫。在独创精神和塑造奇异瑰丽的文学形象

---

① 董衡巽：《美国文学简史》，北京：人民文学出版社，2003年，第565页。

方面，辛格又很像果戈理。但是，重要的是，辛格又很像他自己……[①]

这就是“艾·辛格的魔盒”带给我们的乐趣。

① 〔美〕辛格：《傻瓜吉姆佩尔》，张境译，北京：外语教学与研究出版社，1981 年，第 9 页。

第六章　犹太人与诺贝尔和平奖

如果和平这个理想将成为我们共同的命运的话，那么实现和平将成为我们共同的经历。认识到这点，各国领导人就必须牢记，他们所作的关于战争的政治决定，日后将由带给他们人民的困难或幸福来评说。

——基辛格

就像“世界”不可怜数千头被赶到芝加哥屠宰场围栏中去宰的牛一样，它同样不怜惜那些在特里布林卡成千上万被当做羊一样的人。世界并不怜悯被屠杀者，它只尊敬那些战斗着的人。

——贝京

我是从军27年的老兵，打了这么长时间的仗，那是因为过去我别无选择。但是，今天和平的机会来了，为了今天在这里和不在这里的人们，我们必须抓住这个巨大的机会……我一直相信，绝大多数人是要和平的，并准备为此付出代价。

——拉宾

到本世纪末，我们可以看到：友善可以比强权取得更多的成就；看电视的年轻一代可以将他们的命运与其他人的幸运或不幸相比较。他们在现实的生活中可以看到自由，看到和平，看到繁荣。他们知道只要加倍努力工作，就会获得更多……耶和华说："日子将到，耕种的必接续收割的，踹葡萄的必接续撒种的，大山要滴下甜酒，小山都必流奶。"(《圣经》阿摩司书，9:13)

——佩雷斯

最纯粹的写作是那些献给我们子孙的苦难。苦恼与死亡的写作——以及由那些孩子自己写下的作品。他们的词句比其他人的更使我们接近那经历——他们的词句就成了经历。我们的孩子们是刽子手的根本目标；他们永远如此。法老始于杀婴，哈曼也是如此，希特勒更是如此。

——威塞尔

如果大国之间爆发战争，谁能保证它不会发展成为这样一场毁灭性的斗争？所以，任何一个投入全面战争的国家便预兆着自取灭亡，并使全世界遭到灾难……所以，一切国家必须自愿地做出决定，废弃以武力为对外政策的最后手段。因为，如果它们不准备这样做的话，它们将不复存在。

——《麦瑙宣言》

诺贝尔和平奖对于人类的意义之大，无可非议，但这个奖是诺贝尔6个奖项中争议最大的奖项。这是由于和平奖同政治、意识形态和文化价值观的关系太近，不同判断标准的人定会产生不同的看法，有争议非常正常，但大部分和平奖得主还是得到了世界人民的认可。

从1901年到1995年，获诺贝尔和平奖的个人共有82人，其中犹太人有9个，占个人获奖总数的10.98%，是6项大奖中所占比例最小的一项。名单如下：

1911年，阿赛尔（荷兰）
弗里德（奥地利）
1968年，卡森（法国）
1973年，基辛格（美国）
1978年，贝京（以色列）
1986年，威塞尔（美国）
1994年，佩雷斯（以色列）
拉宾（以色列）
1995年，罗特布拉特（英国）

阿赛尔的获奖理由是，他是一位注重法律实践的政治家和国际关系法研究的先驱。

弗里德的获奖理由是，他20年来勤劳地用他精湛的文学捍卫和平。

卡森的获奖理由是，他在捍卫人的价值和人权方面的贡献，并发起制定《人权宣言》所作出的贡献。

基辛格的获奖理由是，对越南停火谈判成功所作出的卓越贡献。

贝京的获奖理由是，他在1978年9月17日与埃及总统在戴维营签订了两个著名的协议，为中东和平作出了贡献。

威塞尔的获奖理由是，他在反对暴力镇压和种族歧视方面所作出的贡献。

佩雷斯和拉宾的获奖理由是，他们在1993年3月13日在美国首都华盛顿签署的以色列和平协议，在结束以巴流血冲突、促进中东和平方面作出重大贡献。

罗特布拉特的获奖理由是，对防止核战争和永久禁止使用核武器方面所作出的重大贡献。

但愿和平的曙光能够照耀全世界的每一个角落！

跋

我对犹太人的关注，始于大学时代。那时，我疯狂地迷上了人物传记，尼克松、里根、基辛格、洛克菲勒、哈默、爱因斯坦、马克思、尼采、卡夫卡、弗洛伊德……我总共读过四百多位名人的传记。令我疑惑不解的是，这些名人怎么会有那么多是犹太人？于是我跌跌撞撞的犹太研究生涯便从那时开始了。不管什么书，只要里边提到“犹太人”三个字，我就一定得买下来，而且总要仔细研读，认真揣摩。我对“犹太人”的痴迷，和我女儿现在对芭比娃娃的痴迷差不多，只要听说一本有关犹太人的著作出版，一天买不到手，我就茶不思饭不想。我现在的书橱中，总藏书量近1万册，有关犹太人的书就有3 000多册。我曾经到过中国权威的犹太文化研究专家——南京大学的徐新教授家里做客，他的藏书量不及我的1/10，但徐先生的书大多是外文原版，这是令我非常羡慕的。中国犹太学研究界的另一些专家，我也大多拜访过或有过联系，诸如：山东大学的傅有德先生，云南大学的杨曼苏先生，外交学院的官少朋先生，社科院的殷罡先生，周燮藩先生和黄陵渝先生，以及南开大学的王立新先生，河南大学的张倩红先生，深圳大学的刘洪一先生。在我的研究生涯中，对我影响较大的有两套书，一套是20世纪90年代初，由上海三联书店出版的“犹太文化丛书”；另一套则是山东大学出版社出版的“汉译犹太文化名著丛书”。这两套书对我的研究起了决定性作用，我终于由“游击队”走向“正规军”。遗憾的是，最早主编“犹太文化丛书”的顾晓鸣先生已经销声匿迹，据复旦大学的一些朋友讲，他现在主要搞足球评论和房地产宣传方面的事宜。

我在犹太学研究方面的爬行，是由盲目到自觉的一个过程，是由编写通俗大众读物到对《塔木德》和宗教文化思想研究的逐渐升华。我先后编辑出版的书有：《犹太大亨赚钱术》《犹太人的金钱人生》《犹太人韬略大全》《世界著名犹太人传奇》等近10种。2004年，我出版过一套“犹太智慧文存”，这套书是一个过渡。2006年接着为中央编译出版社推出了《犹太人之谜》和《艾·辛格的魔盒》等书。在此之后，我的研犹生涯翻开新的一页，我希望每出版一部书都不会辜负广大读者的期望。

西方文明起源于“两希文化”，即希伯来文化（或犹太文化）和希腊文化，犹太人创造了上帝和信仰，希腊人创造了哲学和逻辑。如果没有“两希文化”，世界的文明史将不可想象。但长期以来，中国人对犹太人和犹太文明的研究却极为漠视，市场上充斥的大量有关犹太文化的书大多是伪书和垃圾书，许多书和犹太人毫无关系。目前，国内开设有关犹太文化课程的大学只有南京大学、山东大学和河南大学等为数不多的几所大学。其实，中国的大学都应开设有关“两希文化”的课程，不研究西方文明的源头，不借鉴西方文明的传统，中国文化的更新和发展谈何容易。况且，希伯来文化本应是东方文明的一部分。犹太人发源于西亚，却成了西方文明的源头，真是可悲！

2004年岁末，我同《中国人为什么这么愚蠢》一书的作者“哲学乌鸦”黎鸣先生到全国18个城市40所大学巡回演讲，他主要讲的是“中国人为什么这么愚蠢”，重点从思维方式和逻辑方面对中国文化进行反思。我除了讲编辑、出版、文学批评外，还特别介绍了犹太文化，题目就是“犹太人为什么这么聪明”。从此以后，这个题目将成为我终生的研究方向。

一个人不能没有理想和目标，没有理想和目标的人，无异于行尸走肉和快乐的猪；一个民族不能没有信仰和逻辑，没有信仰和逻辑的民族，就会变得不伦不类和丧失文化底蕴，甚至导致本民族的文化也逐渐衰落。东西方文化的互补和借鉴，将成为人类新世纪发展的大势所趋。

贺雄飞

2015 年酷夏于北京静思斋

《犹太人之谜》内容简介

犹太人是谁？判断犹太人的标准是什么？犹太人为什么历经浩劫而不灭？犹太文化的精髓是什么？谁是犹太人心目中的英雄？怎样成为一个有智慧的人？怎样成为一个有权力的人？怎样成为一个富有的人？怎样成为一个令人尊敬的人？本书通过妙趣横生的论述来揭开犹太人的种种神秘面纱，是洞悉犹太文化和犹太智慧的一把钥匙。

定价：28.00 元

《火星来客》内容简介

迄今为止，总共有 179 位犹太人获得了诺贝尔奖，形成了诺贝尔奖中独特的“犹太现象”。犹太人占世界人口总数不到 0.3%，但获诺贝尔奖的比例却占诺贝尔奖金总数的 22.35%，尤其是匈牙利犹太人，被誉为科学大师中的“火星来客”。钱学森的老师“科学奇才”冯·卡门、化学家波拉尼、“和平之父”西拉德、“计算机之父”冯·诺伊曼、美国“氢弹之父”爱德华·特勒、“当代罕见的数学奇才”保罗·爱多士等，全都是匈牙利人。

定价：35.00 元

《坐长凳者》内容简介

按照古老的犹太习俗，当拉比在犹太会堂讲道的时候，坐在第一排听课的一定是最聪明的人，坐在最后一排听课的人一定是最傻的人。当坐在第一排的人一旦回答不了拉比所提出的问题，就必须退坐到第二排，以此类推；坐在后一排的人，如果能够很顺利地回答拉比的提问，就可以往前坐一排。一旦拉比回答不出会众所提出的问题，就要把坐在屁股底下的七个草垫子撤掉一个，直到坐在地板上。本书通过 13 位犹太鬼才的成长故事，揭示了犹太文化和犹太教育的奥秘。

定价：30.00 元

《居安思危》内容简介

按照美国《福布斯》杂志的统计，在美国 400 大富豪排行榜中，前 40 位富豪中有 45% 是犹太人，美国 1/3 的百万富翁是犹太人，美国许多著名的慈善家也是犹太人。

本书用幽默通俗的笔法，系统而全面地介绍了犹太人的财富哲学，以及犹太人为什么会做生意和千锤百炼的犹太生意经，深刻解剖了“世界第一商人”犹太商人成功的黄金法则和成功奥秘。

定价：32.00 元

《知识是甜蜜的》内容简介

本书用通俗幽默的文笔，详细阐述了犹太家教智慧的精髓：犹太成功黄金律、犹太人的美德教育、犹太人的健康教育、犹太人的处世教育、犹太人的享乐教育、犹太人的婚姻观、犹太人的金钱教育和犹太人的公民教育。

定价：33.00 元

第二辑即将出版